Harald Gerhard Schött

**Zur Systematik und Verbreitung palaearctischer Collembola**

Harald Gerhard Schött

**Zur Systematik und Verbreitung palaearctischer Collembola**

ISBN/EAN: 9783744603928

Hergestellt in Europa, USA, Kanada, Australien, Japan

Cover: Foto ©berggeist007 / pixelio.de

Weitere Bücher finden Sie auf **www.hansebooks.com**

# ZUR
# SYSTEMATIK UND VERBREITUNG PALÆARCTISCHER
# COLLEMBOLA

VON

HARALD SCHÖTT.

MIT 7 TAFELN

DER KONGL. SCHWEDISCHEN AKADEMIE DER WISSENSCHAFTEN VORGELEGT DEN 8 NOVEMBER 1893.

\* \* \*

STOCKHOLM, 1893.
KUNGL. BOKTRYCKERIET. P. A. NORSTEDT & SÖNER.

# Einleitung.

Vor einigen Jahren richtete der Herr Prof. T. TULLBERG meine Aufmerksamkeit auf die Arthropoden-Gruppe *Collembola* als ein aus mehreren Gesichtspunkten hauptsächlich für anatomische und embryologische Studien besonders denkbares Material. Ehe ich mich auf Untersuchungen in diesen beiden Gebieten einliess, wendete ich meine Aufmerksamkeit erst der Systematik der Gruppe zu, um mich dadurch mit der Litteratur vertraut zu machen und genügende Kentnisse der auf der Skandinavischen Halbinsel vorkommenden Formen zu erhalten. Ich habe mich deshalb zuerst mit der Bestimmung einiger von Prof. TULLBERG gesammelten, im zoologischen Museum zu Upsala befindlichen schwedischen und einiger vom Med. Dr. L. SCHLEGEL mitgebrachten norwegischen Collembola beschäftigt. Ferner habe ich im Sommer 1888 teils in Upsala und dessen Umgebung, teils in Bohuslän eigene Sammlungen gemacht und schliesslich im Sommer 1889 eine Reise nach den Hochgebirgen Jämtlands mit Unterstützung der Königl. Schwedischen Wissenschaftakademie vorgenommen. Eine nähere Untersuchung meines so zusammengebrachten einheimischen Materials hat zur Entdeckung verschiedener, für unsere Fauna bisher unbekannten Formen geführt; ausserdem hat sich die Gelegenheit dargeboten, neue Fundorte für schon bekannte Gattungen und Arten zu verzeichnen.

Während meiner Arbeit mit den skandinavischen Collembola wurde mir von Herrn Prof. A. E. NORDENSKIÖLD die Bearbeitung der zu dieser Tiergruppe gehörenden von der schwedischen Jenisejexpedition 1876 und der Vegaexpedition 1878—79 mitgebrachten Sammlungen anvertraut. Gleichzeitig erhielt ich durch die Vorsorge des Herrn Prof. O. M. REUTER eine dem zoologischen Museum zu Helsingfors gehörende Sammlung zur Untersuchung. Hierdurch wurde der Plan vorliegender Abhandlung festgestellt, nämlich eine möglichst vollständige Zusammenstellung der bisher bekannten Systematik und *geographischen* Ausbreitung der *palæarctischen Collembola* zu liefern.

In Bezug auf die systematische Aufstellung folgte ich in der Hauptsache derjenigen, die Prof. TULLBERG in seinem Aufsatz „Collembola borealia" zur Anwendung brachte. Ich habe also die Unterfamilie Sminthurinæ, Templetoniinæ und Lipurinæ gegen die Familien Sminthuridæ, Entomobryidæ und Lipuridæ vertauscht, so auch den Gattungsnamen Macrotoma BOURLET gegen Tomocerus NICOLET. Auch habe ich mich bei der Aufstellung meiner Diagnosen und bei der jeder Form beigefügten Detailbeschreibung der Terminologie desselben Verfassers bedient.

Die Mitteilungen, welche besonders die Ausbreitung in unserem Lande betrifft, bestehen aus einem zusammenstellenden Vergleich der Fundorte die Prof. TULLBERG in seinen

Arbeiten angegeben und derjenigen die ich auf meinen Ausflügen aufgezeichnet habe. Unter jeder besonderen Art habe ich eine Anzeichnung ihres Vorkommens ausserhalb Schwedens beigefügt. Ausser den Auskünften, die ich mir in dieser Hinsicht in der ausländischen Litteratur verschaffte, habe ich auch brieflich durch die Herren Prof. O. M. REUTER und Med. Dr. EVALD BERGROTH wertvolle Mitteilungen über die Ausbreitung der Collembola in Finnland erhalten und dazu von ersterem private Sammlungen aus den Umgebungen von Berlin, Bremen, Leipzig und Wien sammt aus den Vogesen. Einzelne Formen wie auch grössere Sammlungen habe ich ebenso von den Herren Professoren CORRADO PARONA in Genova, R. MONIEZ in Lille und Doktor J. T. OUDEMANS in Amsterdam empfangen, weswegen ich Ihnen meinen herzlichen Dank abgestatten will.

Was die Wahl der *Synonymen* betrifft sei hier bemerkt, dass ich nur bei kritischen Formen deren Synonymik eine genauere und weitgehendere Erörterung verlangte, die ältere Litteratur befragte. Bei der Behandlung einer schon ganz fixierten Form hingegen habe ich nur auf die älteste genügende Beschreibung und auf eine resp. einige mehr grundlegende collembologische Arbeiten, wo diese sich befindet, hingewiesen.

Die Untersuchungen, welche dieser Abhandlung, die jetzt der Öffentlichkeit übergeben wird, zu Grunde liegen, sind hauptsächlich auf der Zoologisch-Zootomische Institution zu Upsala ausgeführt aber auf der Entomologischen Abteilung des Königl. Reichsmuseums zu Stockholm abgeschlossen worden.

---

Ich erfülle eine tiefgefühlte Pflicht, da ich meinem verehrten Lehrer dem Herrn Prof. T. TULLBERG, öffentlich meine persönliche Dankbarkeit ausspreche für das Interesse, mit welchem er der Arbeit eines Anfängers folgte, für die wertvollen Ratschläge und gegebenen Auskünfte, ferner für die Bereitwilligkeit, mit welcher er mir seine reichhaltige Litteratur über den Stoff zur Verfügung stellte und mir den Zutritt zu seiner eigenen Präparatsammlung gestattete.

Dem Herrn Prof. A. E. NORDENSKJÖLD erlaube ich mir für sein freundliches Entgegenkommen, womit er mir das von seinen wissenschaftlichen Expeditionen mitgebrachte Collembola-material zur Bearbeitung überliess und für die Bereitwilligkeit, womit er mir Gelegenheit zum Studium der Journale von früheren arctischen Expeditionen verschaffte, meinen tiefgefühltesten Dank auszusprechen.

Dem Herrn Prof. O. M. REUTER in Helsingfors will ich gleichfalls meinen tiefen Dank ausdrücken für die vielen Beweise seines besonders grossen Wohlwollens, das er mir während der Arbeit mit vorliegender Abhandlung zu erkennen gab.

Schliesslich bin ich auch dem Herrn Prof. CHR. AURIVILLIUS, welcher mir gütigst Gelegenheit gegeben auf der entomologischen Abteilung des Reichsmuseum zu Stockholm vorliegende Arbeit zu vollenden und mir stets in besonderer Hinsicht ein grossartiges Wohlwollen gezeigt während der Zeit, wo ich auf dem eben erwähnten Institut gearbeitet habe, zum besonderen Danke verpflichtet.

## Geschichtlicher Überblick.

Ehe ich zum Bericht der Resultate meiner Studien der palæarctischen Collembola schreite, dürfte es von Interesse sein einen Abriss über die Geschichte der Collembologie der letzten zwanzig Jahre zu liefern, die seit dem Erscheinen von Tullbergs schöne Arbeit, Sveriges Podurider , verstrichen sind.

Im Jahr 1873 erschien Lubbock's allen Collembologen wohlbekannte Arbeit, Monograph of the Collembola and Thysanura . Wie verdienstvoll diese auch in vielen Hinsichten sein mag, so scheint mir doch ihr systematischer Teil einer wesentlichen Revision zu bedürfen. In der Vorrede äussert sich Lubbock: It is unfortunate that the two naturalists M. Nicolet und M. l'abbé Bourlet, who have of late years contributed most to our knowledge of the Collembola, should had published the results of their labours almost simultaneously . Dieselbe Anmerkung lässt sich auch machen, wenn man den systematischen Teil von Lubbocks Arbeit und Tullbergs Sveriges Podurider ,[1] die ja auch ungefähr gleichzeitig eintrafen, vergleichend studiert. Tullbergs Formen sind im Allgemeinen leicht zu bestimmen wegen der von ihm eingeführten, auf guten morphologischen Merkmalen ruhenden Terminologie. Von den durch Lubbock verzeichneten Formen kann man nur, wenn der Verfasser sie selbst bestimmt und beschrieben hat, einen völlig klaren Begriff erhalten. Dieses scheint aber zu den Ausnahmen zu gehören. Statt dessen findet man bei ihm die Formen älterer Verfasser mit ihren Beschreibungen ohne beigefügte Kritik verzeichnet, wobei sich oft gar keine Stützpunkte für eine Identificierung finden lassen. Seine Arbeit macht daher in vielen Beziehungen eher den Eindruck eines Lexicon über im Lauf der Zeit beschriebene Formen, als einer Monographie über faktisch existierende Arten.

Im Fifth Ann. Rep. of the Trust. of the Peab. Academy of Science, for the year 1872, der im Jahr 1873 erschien, findet sich (pag. 23) ein Aufsatz eingeführt mit dem Titel: Synopsis of the Thysanura of Essex county, Mass., with descriptions of a few extralimital forms by A. S. Packard Jr. In der Einleitung wird eine Zusammenstellung der Thysanura-Litteratur, die in Nord-Amerika bis zum Jahr 1873 erschienen, mitgeteilt.

[1] Eine ausführliche Auseinandersetzung dieser beiden für Collembologische Studien epochemachenden Arbeiten vorzunehmen, halte ich für überflüssig, da sie denen, welche sich mit der Collembola-gruppe beschäftigen, wohl bekannt sein müssen.

Später folgen Beschreibungen über einige Menge Collembola, welche er in zwei Familien, Poduridae und Smynthuridae, einteilt. In der ersten nimmt er die Gattung Anura GERVAIS mit einer neuen Art auf, ferner LABOULBÈNE's Anurida maritima und LINNÉ's Lipura fimetaria und L. ambulans. Hierher werden auch die Gattungen Achorutes (TEMPLETON), Isotoma BOURLET, Podura LINNÉ, Lepidocyrtus BOURLET, Tomocerus NICOLET, Degeeria (NICOLET) und Orchesella TEMPLETON gerechnet. Von der Gattung Achorutes sind 5 Arten aufgenommen, von Isotoma 10, von Podura 1, von Lepidocyrtus 5, von Tomocerus 1, von Degeeria 1 und von Orchesella 2, die meisten neuen aus Nord-Amerika. Die Familie Smynthuridae umfasst die Gattungen Papirius LUBBOCK und Smynthurus LATREILLE; von jener sind 2 Arten verzeichnet, von dieser 6.

In der Stett. ent. Zeit. Bd XXXIV pag. 233, 1873 steht ein Aufsatz mit dem Titel: Ein Ausflug nach dem Altvater Gebirge, dessen Verfasser FRIDR. STEIN ist. Er drückt hier (pag. 212) seinen Zweifel in Betreff der Richtigkeit von KOLENATIS Auffassung eines im dortigen Gebirge vorkommenden Tierchens aus. Während KOLENATI die Form für Heterotoma viaticum LINNÉ hält, glaubt STEIN, dass sie mit WAGA's Achorutes Biclanensis identisch ist.

Im Jahr 1876 veröffentlichte TULLBERG in Öfversigt af Kongl. Vetensk. Akads Förhandl. pag. 23 einen Aufsatz, Collembola borealia, wo arktische von Prof. NORDENSKJOLDS Expedition nach dem Jenisej im Jahre 1875 mitgebrachte Formen und ein beschränkteres dem Reichsmuseum gehörende Material behandelt werden. Der Verfasser vertauscht hier den von ihm in vorhergehenden Schriften gebrauchten Klassennamen Poduridae gegen den von LUBBOCK 1870 gegebenen Collembola und macht auch einige Änderungen in der speciellen Einteilung der Gruppe. Nach eine Anmerkung über die beschränkte Litteratur in Betreff der arktischen Collembola, geht der Verfasser zu einer näheren Behandlung seines Materials über. Drei Sminthuriden, den schon früher bekannten viridis LINNÉ und die für die Wissenschaft ganz neue variegatus und Malmgrenii werden verzeichnet. Die Gattung Papirius LUBBOCK ist durch eine neue Art chloropus und die vorher bekannte silvaticus repräsentiert. Das Material enthielt weiter von der Gattung Tomocerus NICOLET drei Formen, die in Schweden allgemeine vulgaris TULLBERG und die zwei bisher unbekannten minutus und lividus. Die Gattungen Lepidocyrtus BOURLET, Orchesella TEMPLETON und Degeeria (NICOLET) sind durch je eine Art resp. cyaneus TULLBERG, cinctus (LINNÉ) LUBBOCK und muscorum NICOLET vertretet. Eine besonders schöne Übergangsform zwischen letztere Gattung und die Gattung Isotoma BOURLET wird beschrieben. Der Verf. nennt sie Corynothrix. Acht Arten, die früher schon bekannte palustris (GMELIN), minuta TULLBERG, quadrioculata TULLBERG und fimetaria (LINNÉ) TULLBERG und vier neue bidenticulata, Stuxbergii, violacea und sensibilis werden von der Gattung Isotoma BOURLET erwähnt. Von Achorutes-Formen sind zwei vorher beschriebene viaticus TULLBERG und armatus (NICOLET) sammt drei neue longispinus, Theelii und dubius aufgenommen. Die Gattung Xenylla TULLBERG wird durch eine Art vertreten, die der Verfasser O. FABRICII Podura humicola gleichstellt und von der Gattung Lipura BURMEISTER wird ausser L. armata TULLBERG die vier neue Arten arctica, octo-puncta, sibirica und groenlandica erwähnt. Von der Gattung Anura GERVAIS wird endlich, ausser TEMPLETONS muscorum, eine bisher unbekannte sehr interessante Form, gigantea, verzeichnet.

Im Jahre 1876 wurde auch Catalogus praecursorius Poduridarum Fenniae von O. M. REUTER herausgegeben. Diese Publication ist wie es von dem Titel erhellt nur ein Verzeichniss der bis dahin bekannten finnischen Collembola. Als Anhang dieser Liste folgt Descriptio specierum in Sveriges Poduridæ a D. TULLBERG. haud descriptarum. Die neuen Formen sind Sminthurus flaviceps, var. fennicus, S. insignis, S. pilosicauda, S. lineatus, S. Tullbergii, Papirius dorsalis, Degeeria?, superba und Isotoma balteata.

Das Januarheft des American Naturalist für 1877 enthält unter Anderem Exploration of the Polaris Expedition to the Nordhpole. Der Gelehrte der Expedition Dr. BESSELS welcher verschiedene wertvolle Sammlungen an der Polar-Bay zwischen lat. 81°, 20 und 81°. 50 gemacht hatte überliess PACKARD Jr seinen Fund von Süsswasserkrustern und Insekten zur Bestimmung. Dieser gab darauf a preliminary notice in ordre to secure priority heraus. Hier ist auch eine Collembola-Form der Gattung Isotoma BOURLET angehörend aufgenommen, die er nach dem Entdecker Besselsii nennt und über welche er eine kurze Diagnose aufstellt.

In Proceedings of the Academy of Natural Sciences of Philadelphia Part III, p. 335. 1878 wird a new Species of Smynthurus, S. quadrimaculata von J. N. O. A. RYDER beschrieben. Der Verfasser äussert sich von der Form folgendermassen: »Its distinguishing character consists in the two pure white spots low down on each side of the abdomen, the posterior ones larger than the anterior by one third to one-half are arranged, when the back of the animal is viewed from above, in an equilateral quadrangle. In form it greatly resembles the S. Bourletii, but in marking and color it is so totaly distinct, that it would be immediately recognized as different».

In Soc. Ent. de Fr. ser. 5, Vol. 8, 1878. Bull. pag. CXIV, erteilt M. MEGNIN une note sur une petite Podurelle trouvée vivant en parasite sur plusieurs chevaux. Er hält sie für eine Mittelform zwischen Achorutes TEMPLETON und Lipura BURMEISTER, nennt sie Podurhippus und stellt folgende Diagnose über dieselbe auf:

Antennes a quatre articles inegaux, subclavellees; yeux peu visibles au nombre de 28 ou 30 en deux groupes symetriques en arriere des antennes. Corps divise en neuf segments inegaux, le 4:e abdominal plus large, le dernier arrondi, sans appendice ni crochets; pattes courtes assez grosses; appareil saltatoire court et étroit, emergeant de la face inferieure du 4:e anneau abdominel; tube gastrique peu apparent sans forme de tubercule bilobe. Mandibules et organes buccaux visibles à un fort grossissement.

Die Art wird pityriaticus genannt, da sie en quantité inombrable dans les produits de secretion épidermique fournis par plusieurs chevaux affectes d'un pityriasis général et chronique gefunden wurde.

Bei der Jahreszusammenkunft den 15 Mai 1878 übergab REUTER der Soc. pro Faun. et Flor. fenn. eine kleinere Sammlung von in Finnland bisher unbekannten Collembola zur Gattung Sminthurus LATREILLE gehörend und fügte eine kurze Beschreibung über die in der Wissenschaft neuen Arten hinzu. Diese Mitteilung ist an pag. 203 u. 204 im Bericht über obenerwähnte Zusammenkunft zu sehen. Zwei der Formen sind auf Blumentöpfen im botanischen Garten zu Helsingfors gefunden worden. Eine davon gehört zur Abteilung Setosi. Der Entdecker nennt sie multifasciatus und hält sie möglicherweise für identisch mit der von SAY aus Georgien beschriebenen guttatus. Die andre unter gleichen Verhältnissen gefundene Art erhielt den Namen igniceps und gehört zur Pilosi-gruppe, wo ihr meines Erachtens ein Platz in der Nähe von S. niger Lubbock zukommen dürfte. Die übrigen Formen, die auf Excursionen in der Gemeinde Pargas und in der Nähe von Helsingfors gefunden worden, waren zwei neue Pilosi-Formen, S. violaceus und S. elegantulus und die schon früher beschriebenen aber in Finnland bisher unbekannten bilineatus Bourlet, cinctus Tullberg, und quadrilineatus Tullberg.

Vol. 168 der Phil. Trans. of the Roy. Soc. of London, die im Jahre 1879 erschien, enthält An account of the Petrological, Botanical and Zoological collections made in Kerguelen's land and Rodriguez during the Transit of Venus expedition, carried out by order of Her Majesty's Government in the years 1874—75. Im zoologischen Teil dieser Arbeit findet man auch einige von Lubbock bearbeitete Collembola-Formen. Sie bestehen nur aus drei Formen, einer Isotoma in einem einzigen der Art nach unbestimmbaren Exemplar, einer gleichfalls unbestimmbaren Smithuriden-Form und einem Repräsentanten einer neuen Gattung, die der Verfasser Tullbergia nennt. Die Form, welche ein Lipurid ist, erhielt folgende Diagnose: Corpus longatum. Antennae non clavatae quadriarticulae. Organa postantennalia transversa. Unguiculi inferiores nulli. Spinae anales magna. Der Verfasser nennt die Art antarctica und fügt in der Beschreibung hinzu: Ocelli absent. Postantennalorgan situated directly behind the antennae; it has numerous oval tubercles. Length 1⁄, inch. Diese Mitteilung ist auch in Ann. and Magaz. of Nat. hist. Ser. IV, Vol. XVIII, p. 324 eingeführt.

Im Jahre 1879 veröffentlichte Corrado Parona in Atti del. Soc. Ital. di scienz. Nat., Vol. XXI seine Abhandlung Collembola Saggio di un catalogo delle Poduridi Italiane. Diese Arbeit, offenbar abgesehen eine Monographie über den Collembola Italiens zu sein scheint mit grosser Sorgfalt ausgeführt worden. Leider hat jedoch der Verfasser bei der Beurteilung der Arten versäumt Tullbergs Abhandlung Sveriges Podurider zu Rathe zu ziehen, was recht eigenthümlich vorfällt da er diese Publication in seinem Litteraturverzeichniss aufgenommen hat. In Folge dessen hat er mehrere problematischen Formen älterer Auctoren aufnehmen müssen, die hauptsächlich in Farbencharacteren und schwebenden Angaben über den Antennen und dem Gabel ruhen.

In Bezug auf der systematischen Aufstellung der Gruppe wird Lubbock gefolgt. Nachfolgende Formen constituiren nach dem Verfasser die Collembola-Fauna Italien's, um so weit sie bis dahin bekannt ist. Smynthurus fuscus De Geer, S. niger Lubbock, Papirius fuscus Lubbock, P. ornatus Nicolet, Orchesella cincta Linné, Tomocerus plumbeus Linné, T. niger Bourlet, Templetonia crystallina Müller, Seira domestica Nicolet, S. platani Nicolet, S. pruni Nicolet, S. elongata Nicolet, S. erudita Nicolet, Beckia albinos Nicolet, Lepidocyrtus curvicollis Bourlet, L. lignorum Fabricius L. gibbulus Nicolet, L. agilis Nicolet, L. pusillus Linné, Degeeria nivalis Nicolet, D. annulata Fabricius, D. disjuncta Nicolet, D. corticalis Nicolet, D. muscorum Nicolet, Isotoma arborea Bourlet, I. viridis Bourlet, I. aquatilis Müller, I. saltans Agassiz, I. tigrina Nicolet, I. cinerea Nicolet, I. annulata Nicolet, I. fusca Nicolet, Achorutes similatus Nicolet, A. cyanocephalus Nicolet, A. armatus Nicolet, A. purpurascens Lubbock, P. aquatica Linné, Lipura corticina Bourlet, L. fimetaria Lubbock und Anura muscorum Lubbock.

Über mehreren dieser Arten darf ich fernerhin in dieser Abhandlung Gelegenheit mich zu äussern.

In Vol. XXVIII von Atti del. Soc. Ital. di Scienz. nat, der in demselben Jahre erschien kommt letzterwähnter Verfasser wieder mit einem Aufsatz über Collembola e Thysanura di Sardegna. Hier zeigt er sich wohl vertraut mit den Arbeiten Tullbergs nach welchem auch die systematische Aufstellung gemacht ist. Zur Subfamilie Smynthurinæ gehörig werden die Gattungen Smynthurus Latreille und Papirius Lubbock verzeichnet, jener mit den Arten viridis (Linné) Lubbock, fuscus De Geer, niger Lubbock, bilineatus Bourlet, luteus Lubbock, diese mit den Arten, ornatus Nicolet, fuscus Lubbock, minutus O. Fabricius, silvaticus Tullberg, und flavo-signatus Tullberg. Die Subfamilie Templetoniiæ wird durch die Gattungen Lepidocyrtus Bourlet mit der Art gibbulus Nicolet, Entomobrya Rondani mit den Arten multifasciata Tullberg und intermedia Brook, Orchesella Templeton mit der Art cincta (Linné) Lubbock sammt Isotoma Bourlet mit den Arten palustris Gmelin, aquatilis Müller und arborea Bourlet repräsentirt. Endlich wird ein Lipuriden, Lipura maritima Guérin erwähnt.

Zoologischer Anzeiger für das Jahr 1879 enthält unter anderem »Mitteilungen aus dem Gebiet der Dunkel-Fauna von Dr. S. Fries. Er erwähnt (pag. 154) einige Collembola, die in der Falkensteinerhöhle gefunden worden. Diese sind von Prof. T. Tullberg bestimmt und gehören den Gattungen Beckia Lubbock und Lipura Burmeister.

In Proc. of Ent. Soc. of London 1879, p. 10 erwähnt Lubbock den Fund einer Orchesella rufescens Linné in Kent. Diese Art ist vorher niemals in England angetroffen worden.

The Scottish Naturalist vol. V für 1879—80 enthält unter anderen Aufsätzen einen von Lina und O. M. Reuter über Collembola and Thysanoura found in Scotland in the summer of 1876. Es sind die Resultate einiger Ausflüge nach Shetland, Orkney, Island, Morayshire und Perth, welche hier der Veröffentlichung übergehen werden. Von den sieben Formen aus Shetland, welche der Verfasser erwähnt, ist only one (Degeeria cincta) not yet found in Scandinavia. Kurze Beschreibungen finden sich über die Arten vor, die in Lubbock's Monograph of Coll. and Thys. nicht aufgenommen sind, sowie auch über some more critical forms. Von Smithuriden finden sich fünf Arten verzeichnet nähmlich fuscus Linné, viridis Linné, luteus Lubbock, lineatus Reuter und niger Lubbock, von der Gattung Macrotoma Bourlet die Arten vulgaris Tullberg und plumbea Linné von Lepidocyrtus Bourlet die Arten cyaneus Tullberg und lanuginosus Gmelin und von Degeeria (Nicolet) die Arten nivalis Linné, muscorum Tullberg, multifasciata Tullberg und cincta Lubbock. Die Gattung Orchesella Templeton wird durch eine Art cincta Linné. Isotoma Bourlet durch die schon früher bekannten Arten palustris Gmelin und crassicauda Tullberg sammt die neue, cæca, repräsentirt. Von Lipuriden werden die Gattungen Achorutes Templeton, Anurophorus (Nicolet) und Anurida Laboulbène je mit einer Art resp. viaticus Tullberg, laricis Nicolet und crassicornis Reuter erwähnt.

Im Jahre 1880 gab Reuter auch eine schöne Arbeit unter dem Titel: »Études sur les Collemboles« heraus. Da in derselben hauptsächlich von biologischen Fragen die Rede ist, so fühle ich mich nicht berufen hier in dieser Übersicht, welche nur eine Zusammenstellung dessen bringen will, was in letzterer Zeit in der Systematik der Gruppe gemacht worden, ein ausführliches Referat zu liefern. Die letzte Seite des Aufsatzes (pag. 20) enthält einen systematischen Anhang in Form von: Diagnose de deux espèces nouvelles du genre Sminthurus. Die beiden hier charakterisierten Formen sind S. apicalis und S. elegantulus. In Betreff derselben werde ich mich ausführlicher im beschreibenden Teil dieser Abhandlung äussern.

In den Mitteilungen der Schweizerischen Ent. Ges. Band VI, Heft. 1, pag. 1, Sept. 1880 kommen Entomologische Notizen von Dr. G. HALLER vor und darunter Mitteilungen über Poduriden. Hier wird eine Achorutes-Form, die sich massenhaft auf mit Schnee vermischtem Wasser zeigt. Der Verfasser war im Zweifel ob eine neue Species vorliegt oder ob das Tierchen mit Achorutes rufescens NICOLET identisch ist. Er giebt indessen eine ausführliche Beschreibung und schlägt den Namen Achorutes Schupplii für die Art vor. Auf pag. 4 u. 5 wird eine neue Gattung Lubbockia[1] beschrieben. Schliesslich giebt der Verfasser die Beschreibung einer neuen der Gattung Isotoma gehörende Art, die er Turicensis nennt.

PACKARD JR erwähnt im American Naturalist für 1881 pag. 234 im Aufsatz Fauna of the Luray and Newmarked caves, Virginia unter anderen Insekten two species of Thysanura und zwar einen hellen Sminthuriden mit rötlichen Ocellarflecken und eine weissliche Varietät von Tomocerus plumbeus (LINNÉ).

In Meddel. of. Soc. pro Faun. et Flor. fenn. 1881 findet man einen Bericht über das Vorkommen eines Poduriden (Isotoma sp.) in grosser Menge auf dem Schnee im Januar 1880 von UNO COLLAN. (Siehe übrigens Isotoma hiemalis in dieser Abhandlung!)

Band XXVI Heft 1 für das Jahr 1882 der Berliner Ent. Zeitschrift enthält unter Anderem: Systematisches Verzeichnis der in den Tropfstein-Grotten von Krain einheimischen Arthropoden nebst Diagnosen der vom Verfasser entdeckten und bisher noch nicht beschriebenen Arten, von GUSTAV JOSEPH. Der Aufsatz soll nach der Ansicht des Verfassers als eine vorläufige Mitteilung über eine spätere, grössere Arbeit über die Gesammt-Fauna der Krainer Tropfsteingrotten aufgefasst werden. Auf pag. 27—30 wird die Familiengruppe der Poduridae behandelt; drei neue Sminthuriden werden beschrieben. Sie sind wie alle im Verzeichnis stehenden Collembola-Formen blind und hellfarbig. Sminthurus niveus steht nach dem Verfasser S. signatus FABRICIUS am nächsten (Descriptions of Species of Springtailed insectes by R. TEMPLETON. Tfl. XII. Fig. 2 in den Trans. of the ent. soc. of Lond. vol. I London 1836). S. longicornis steht S. elegantulus REUTER am nächsten (Etudes sur les Coll. 1880). Von den beiden übrigen S. gracilis und S. caecus wird letzterer mit S. fuscus NICOLET verglichen (Rech. p. serv. à l'hist. nat. des pod. 1842). Die Unterfamilie Sminthuridae mit acht Fühlergliedern nebst zwei dorsalen Tuberkeln auf dem Abdomen wird durch Dicyrtoma pygmaea WANKEL repräsentiert. Von der Familie Poduridae s. str. wird Tritomurus scutellatus FRAUENFELD als Grottenform erwähnt. T. macrocephalus KOLENATI, Heteromurus marginataceus WANKEL, Isotoma spelaea n. s., die im Habitus I. Gervaisii NICOLET gleicht (Essay sur une classif. des Thys. 1847), und Achorutes spelaeus n. sp. die A. murorum BOURLET in die Nähe gestellt wird

---

[1] Siehe die Gattung *Tetracanthella* in vorliegender Abhandlung!

(NICOLET l. c. Ann. 2 ieme Serie Bd V, pl. VI, fig. 14). Ausserdem enthält das Material des Verfassers sechs verschiedene zwar in die Nähe der Gattung Desoria NICOLET zu stellende, aber doch neuen Gattungen angehörige Arten, darunter eine in zwei Exemplaren im September 1884 von Dr. GD. GRAEFFE in einer der beiden Höhlen bei Basovizza aufgefundene und in seinem Besitze befindliche interessante Art mit langer, nur in der Nähe der Spitze getheilter Springgabel, welche der näheren Untersuchung harren. Diese werden später beschrieben. In der Unterfamilie der Poluriden mit gesenktem Kopfe wird Tomocerus niveus n. sp. fast von der Gestalt T. plumbeus NICOLET aufgenommen (Ann. de la soc. ent. de Fr. 2 ser. vol. V, p. 6, fig. 12), Cyphoderus monocerus n. sp. der mit C. curvicollis NICOLET verglichen wird (l. c. pl. 6, fig. 15), C. albinos NICOLET und schliesslich eine andre augenlose, dieser Gattung angehörende Art, die später beschrieben werden wird. Von der Familie Lipuridae werden die Gattungen Anurophorus und Anura erwähnt jene mit den Arten stillicidii SCHIÖDTE, gracilis MÜLLER, ambulans DE GEER und caecus n. sp., diese mit den neuen Arten infernalis und hirta.

In dem achtzehnten Heft von Matem. es Termesz. Köslem. für das Jahr 1882 veröffentlichte TÖMÖSVÁRY ÖDÖNTÖL (pag. 119) einen Aufsatz mit dem Titel: Adatok Hazank Thysanura-Faunajahoz, in welchem eine Verzeichnung über Ungarische Collembola geliefert worden ist. In Bezug auf die systematischen Aufstellung folgt der Verfasser LUBBOCK. Die Familie Smynthuridae umfasst zwei Arten der Gattung Smynthurus LATREILLE, nämlich fuscus LATREILLE und niger LUBBOCK und von der Gattung Papirius LUBBOCK gleichfalls zwei, fuscus GEOFFROY und polypodus LINNÉ. Die Familie Degeriadae wird durch die Gattungen Orchesella TEMPLETON mit den Arten cincta LINNÉ, villosa GEOFFROY und rufescens LINNÉ, Tomocerus NICOLET mit den Arten longicornis MÜLLER und plumbeus LINNÉ, Seira Buskii LUBBOCK und S. prunii NICOLET, Beckia LUBBOCK mit den Arten argentea LUBBOCK, Lepidocyrtus BOURLET mit den Arten curvicollis BOURLET, lignorum FABRICIUS und agilis NICOLET, Degeeria mit den Arten nivalis LINNÉ, annulata FABRICIUS, lanuginosa NICOLET, cincta LUBBOCK und muscorum NICOLET und endlich Isotoma BOURLET mit den Arten palustris MÜLLER, fusca NICOLET und cinerea NICOLET repräsentiert. Zur Familie Poduridae LUBBOCK gehörig werden erwähnt: Podura aquatica LINNÉ, die Gattung Achorutes TEMPLETON mit den schon früher bekannten Arten dubius TEMPLETON, armatus NICOLET und purpurascens LUBBOCK sammt einem neuen Species, die der Verfasser alpinus nennt. Von Herrn Prof. O. M. REUTER bin ich brieflich unterrichtet worden, das diese letzte Form mit derjenigen von ihm vorher beschriebene Tetrodonthophora gigas identisch sei. Von Lipuriden endlich werden die Gattungen Lipura BURMEISTER mit den Arten ambulans LINNÉ und corticina BOURLET sammt Anura muscorum TEMPLETON aufgenommen.

Vol. XVIII von Ann. del. Mus. civ. di Stor. Nat. di Genova, der im Jahre 1882 herauskam, enthält unter anderem einen Aufsatz betitelt: Di alcune collembola e Thysanura raccolte dal Professore P. M. Ferrari, con corologico delle Collembola e Thysanura italiane. Von Smynthuriden werden die vorher schon bekannte viridis LINNÉ (LUBBOCK), lupulina BOURLET und merkwürdigerweise variegatus TULLBERG, die man sonst nie ausserhalb des arctischen Gebietes angetroffen, verzeichnet. Das Material enthält übrigens folgende zur Familie Entomobryida gehörende Formen: Orchesella cincta LINNÉ und villosa

GEOFFROY, Tomocerus plumbeus LINNÉ, longicornis MÜLLER und niger BOURLET, Templetonia crystallina MÜLLER, Seira elongata NICOLET, Lepidocyrtus curvicollis BOURLET und gibbulus NICOLET sammt Degeeria annulata FABRICIUS und disjuncta NICOLET. Wie es von dem Titel des Aufsatzes sich herausstellt wird auch einen Catalog italischer Collembola hinzugefügt.

In Meddel. af Soc. pro Faun. et Flor. fenn. XI 1882 giebt REUTER einen Bericht über einige entomologische Ausflüge im südlichen Finnland; darin erwähnt er sechs Collembola-Formen, einen Lepidocyrtus, zwei Formen von der Gattung Degeeria (NICOLET), zwei von der Gattung Orchesella TEMPLETON und eine Isotoma-Art.

In Sitzb. der K. Akad. der Wissensch. zu Wien, Abt. I Juli Heft, Jahrg. 1882, Bd. LXXXVI stellt REUTER ferner eine neue Gattung Tetrodontophora der Familie der Lipuriden gehörend a. f. Die wichtigsten Merkmale der Gattung sind vier spinæ anales. Übrigens ist es die grösste bisher bekannte Collembola-Form. Sie ist auf den Alpen gefunden worden.

Nachher veröffentlicht GEORGE BROOK in Linn. Soc. Journ. einige Collembologische Aufsätze. Vol. XVI der im Jahre 1882 erschien enthält (pag. 541) eine Publication betitelt: On a new Genus of Collembola (Sinella) allied to Degeeria NICOLET. Nach einer ausführlichen Detailbeschreibung der Form geht der Verfasser zu einem Vergleich mit andern nahestehenden über, um den Platz derselben im System festzustellen. Im folgenden Band für dasselbe Jahr giebt selbiger Verfasser Notes on some littleknown Collembola and on the British Species of the genus Tomocerus heraus. Die in diesem Aufsatz behandelten Formen sind: Achorutes manubrialis TULLBERG, Xenylla maritima TULLBERG, Triaena mirabilis TULLBERG und Tomocerus vulgaris TULLBERG. Im Anschluss an letztgenannte Form erwähnt der Verfasser in einem besonderen Kapitel the British Species of the Genus Tomocerus, welche er kritisch auseinanderzusetzen sucht.

In Vol. XVII für das Jahr 1883 der oben erwähnten Zeitschrift kommt der Verfasser wieder mit A Revision of the Genus Entomobrya ROND. (Degeeria NICOLET). The object of the present paper sagt er is to show that in the genus Entomobrya also we have a common widely distributed species which, at different ages and under different conditions, presents a similar series of gradations from the light to the dark wich have been proved to occur in Orchesella cincta L. NICOLET'S D. corticalis, TULLBERG'S D. arborea, muscorum und marginata ebenso verschiedene Arten anderer Auctoren betrachtet der Verf. deswegen nicht als selbständig sondern als Varietäten von D. multifasciata TULLBERG. Man findet in dem Aufsatz übrigens alle bisher beschriebenen Entomobrya-Formen mit Zugabe einer neuen E. intermedia die E. nivalis am nächsten zu stehen scheint, von der sie aber durch längere Antennen und die Zeichnung des Körpers abweicht.

Im zweiten Heft von Studier och Forskningar föranledda af mina resor i höga norden von A. E. NORDENSKIÖLD, das im Jahr 1883 erschien, berührt V. B. WITTROCK in einem zoologischen Anhang pag. 116, zu seinem Aufsatz über die Flora des Eises und des Schnees das Auftreten der Collembola auf dem Eise und Schnee. Der Verfasser erwähnt dort eine Form die ihre Heimat im kalten und ungastlichen Gebiet der Schneeflora hat und ihre Nahrung aus den an Grösse so unbedeutenden Pflanzenerzeugnissen derselben hat. Es ist nach TULLBERG Achorutes viaticus TULLBERG, und dieselbe Form die von KJELLMAN in seiner Beschreibung über die schwedische Polarexpedition 1872—73 erwähnt wird.

In Ann. del. Mus. civ. di Stor. Nat. di Genova Ser. 2, Vol. I, pag. 1, 1884 erwähnt CORRADO PARONA im Aufsatz Sopra Alcuni Collembola e Thysanura di Tunisi, der in die Sammelarbeit Materiali per lo Studio della Fauna Tunisina raccolti da G. e L. DORIA eingeführt worden, einige von Tunis gesammelte Collembola nähmlich: Smynthurus viridis LINNÉ (LUBBOCK) und fuscus LINNÉ, zwei neue Arten derselben Gattung bicolor und Doriæ sammt Lepidocyrtus curvicollis BOURLET.

Bei der Zusammenkunft der Soc. pro Faun. et Flor. fenn. den 2 Febr. 1884 lieferte REUTER in seinem Bericht über die Verhandlungen der Gesellschaft Seite 179 einen Beitrag zur Kenntnis der Collembola Finnlands. Als neu werden folgende zur Entomobrya-Serie gehörende Formen angemeldet, nähmlich Entomobrya marginata TULLBERG, E. lanuginosa NICOLET, die vorher beschriebene Cyphoderus albinos NICOLET und die in der Wissenschaft bisher unbekannte E. myrmecophila, der meiner Meinung nach ein Platz in der von BROOK aufgestellten Gattung Sinella zukommt. Gleichzeitig machte auch der Berichterstatter Anmerkungen gegen BROOKS revision von TULLBERGS Degeeria-formen und wies darauf hin, dass die von ihm (REUTER) früher beschriebene Degeeria superba jetzt eine besondere, recht charakteristische Gattung bildet.

In den Ent. Nachr. für 1885 Bd XI, No 20, pag. 317 kommen Kleinere Mitteilungen über die unterirdische Fauna der Bergwerks-Schächte Deutschlands von ROBERT SCHNEIDER vor. Der Verfasser erzählt, dass man in kleinen Wassersammlungen in den Steinkohlgruben Schlesiens Podura aquatica LINNÉ und Podura armata NICOLET angetroffen habe.

In den Abh. des Naturw. Ver. Bremen IX, pag 320 liefert S. A. POPPE eine Beschreibung über einen neuen Smynthurus aus S. W. Afrika, die erste Collembola-Form die aus Afrika beschrieben worden. Er nennt die Form S. Hessei nach P. HESSE, der dieselbe in mehreren Exemplaren im September 1885 am Rande des Brachwassermorastes hinter der englischen Factorei in Banana gesammelt hat. Nach dem Vorkommen des Tieres und einer Menge anderer Merkmale zu urteilen, z. B. die geringe Grösse, das Colorit, das Nichtvorhandensein von tibialen Spürhaaren, die Form der Oberkralle und vor Allem die Bildung der Mucronalteile der Gabel von welcher der Verfasser sagt dass, ihre lanzettlichen, wie Blätter erscheinenden, blassen Anhänge 0,1 mm. lang und 0,05 mm. breit sind, scheint dieser Smynthurus dem von REUTER als S. apicalis beschriebenen sehr nahestehend.

In den Ann. del mus. civico di storia naturale di Genova für 1887 ser. 2, Band IV veröffentlicht CORRADO PARONA zwei collembologische Aufsätze, wovon der eine (pag. 135) Ligurische Formen behandelt. Von Smynthuriden werden 5 vorher bekannte Arten angegeben, unter denen sich auch S. variegatus TULLBERG befindet; als neu für die Wissenschaft wird S. Doderii PARONA erwähnt. Die Gattung Papirius LUBBOCK wird durch 5 Formen repräsentiert, darunter zwei vom Verfasser angegebene Abarten nämlich cordatus, die sich der Hauptform P. ornatus NICOLET anschliesst und allosignatus, die zu P. ater TULLBERG gehört. Zur Subfamilie Templetoniinae gehörig werden erwähnt: die Gattungen Orchesella TEMPLETON mit 2 Arten, Templetonia LUBBOCK mit einer Art, die Gattung

Tomocerus LUBBOCK mit 5 vorher bekannten Arten, von welcher eine sonderbarerweise unter dem alten Gattungsnamen Macrotoma BOURLET steht. Eine neue Species Doderii PARONA wird letztgenannter Gattung zugelegt. Ferner finden sich folgende zur selben Unterfamilie gehörende Gattungen verzeichnet, nämlich Lepidocyrtus BOURLET mit 4 Arten Beckia LUBBOCK mit einer und Sira LUBBOCK mit zwei schon bekannten und einer neuen Art, die der Verfasser als una minutissima e bellissima Collembola, affine alla Seira Buskii LUBBOCK gezeichnet. Von Entomobrya-Formen werden drei angegeben, darunter TULLBERG's multifasciata mit einer Menge Abarten; die Gattung Isotoma BOURLET scheint durch 7 Arten repräsentiert zu sein. Zur Unterfamilie Lipurinae werden die Gattungen Achorutes TEMPLETON mit drei Arten, Lipura BURMEISTER mit drei und Anoura GERVAIS mit einer Art gerechnet.

Seite 472 in demselben Bande obengenannter Zeitschrift veröffentlicht der Verfasser Note sulle Collembola e sui Tisanuri. Der Aufsatz zerfällt in zwei Abteilungen, die erste ist betitelt: Intorno ad alcune specie del gen. Achorutes TEMPL. e dell' Achorutes murorum (A. viaticus) dello stretto di Magellano. Hier sucht der Verfasser die Synonymik von Achorutes viaticus TULLBERG zu erörtern; die zweite Abteilung behandelt Collembola e Tisanuri raccolti nel Trentino dai March. L. e G. Dorii. Hier stehen die Gattungen Orchesella TEMPLETON, Tomocerus LUBBOCK und Lepidocyrtus BOURLET mit je 2 Arten verzeichnet, ferner die Gattungen Beckia LUBBOCK und Anoura GERVAIS mit je einer Art.

TH. BILLING giebt in Wien. ent. Zeit. Jahrgang VI, Heft. 2, pag. 62, 1887 einen Kleinen Beitrag zur Naturgeschichte der der Land- und Gartenwirtschaft schädlichen Insekten und erwähnt einen Smintharien der massenhaft auf den Herzblättern den Gurkenpflanzen auftrat und sie zerstörte. Er liefert eine Beschreibung aber leider keine Zeichnung und hält die Form möglicherweise für identisch mit CURTIS S. solani (Farm. Insects p. 432). Er nennt sie vorläufig S. cucumeris. Obgleich die Notiz eigentümlich erscheint, da die Collembola sich ja allgemein von in Fäulnis übergegangenen Tier- und Pflanzenresten nähren, so geht doch aus der Beschreibung über das Tier unstreitig hervor, dass es ein Sminthurus ist. Doch beweist ja das massenhafte Auftreten des Insekts auf den Gurkenblättern noch nicht, dass es dieselben auch verzehrt, insofern nicht direkte Beobachtungen darüber gemacht worden sind.

Die Zeitschrift des Ferdinandeums für Tirol und Vorarlberg, Dritte Folge, Heft 32 für 1888 enthält unter Anderem einen, wie mir scheint, sorgfältig ausgearbeiteten Aufsatz (p. 1419) über Die Thysanuren Tirols von K. W. v. DALLA-TORRE. In der Nomenclatur und Artenumgrenzung folgt der Verfasser, wie er sagt, TULLBERG. Vier Arten der Gattung Sminthurus sind verzeichnet und darunter S. fuscus LINNÉ. Auf unerklärliche Weise hat der Verfasser zu dieser Art TULLBERG's beide Formen cinereoviridis und nigromaculatus, welche zusammen die Art viridis (LINNÉ) LUBBOCK bilden und also gar keine Gemeinschaft mit LINNÉ S. fuscus haben, als Abarten gerechnet. Von der Familie Degeeridae stehen zwei Orchesella-Formen verzeichnet, drei zur Gattung Tomocerus LUBBOCK gehörige Arten, Templetonia crystallina (MÜLLER) LUBBOCK, und nicht weniger als sechs Seira-Arten. Ferner zur selben Familie gehörig Beckia albinos (NICOLET) LUBBOCK, 6 Arten der Gattung Lepidocyrtus, 5 Entomobrya- und 5 Isotoma-Arten. Eigentümlich ist, dass der Verfasser

RONDANI'S Gattungsnamen Entomobrya angenommen, die Familie aber nichtsdestoweniger Degeeriidae heissen lässt. Schliesslich findet sich die Familie Poduridae durch die Gattungen Achorutes TEMPLETON mit vier Arten, Podura LINNÉ, Anurophorus (NICOLET), Lipura BURMEISTER, Anurida LABOULBÈNE und Anura GERVAIS mit je einer Art verzeichnet.

In einem Bericht an An. del Mus. Civ. di Stor. nat. di Genova ser. 2 a, vol. VI für das Jahr 1888 beschreibt CORRADO PARONA (pag. 7) eine nuova specie di Smynthurus raccolte in Sardegna. Er nennt sie S. Doderii und will sie S. fuscus (LINNÉ) an die Seite stellen. Die Beschreibung der Furcula: e le appendici presentano i margini interni un pochi ma robusti peli e terminano con muteroni ovali allungati sowie auch seine Zeichnung über dieselbe leitet den Gedanken auf die Zusammengehörigkeit der Form mit TULLBERG'S S. novemlineatus.[1] Der Verfasser ist in der Lage seinen Catalog über Sardinische Collembola zu vervollständigen. Folgende Formen werden hinzugefügt: S. viridis (LINNÉ) LUBBOCK, S. fuscus GEOFFROY, Orchesella cincta LINNÉ, O. villosa GEOFFROY, Entomobrya multifasciata TULLBERG.

Das 16 Heft van Bijdragen tot de Dierkunde von der Gesellschaft Natura artis magistra, in Amsterdam herausgegeben, erschien gleichfalls im Jahre 1888 und enthält zwei Abhandlungen, von welchen die eine mit Collembola sich beschäftigt. Es ist ein Beitrag zur Kenntniss der Thysanuren und Collembola, welche von J. T. OUDEMANS dargelegt wird. Das Ganze ist eine prachtvolle Arbeit, die sowohl auf Studien der Litteratur als auch auf direkten Untersuchungen ruht. Seite bei Seite wird den anatomischen Bau von Machilis, Lepisma, Nicoletia, Campodea, Japyx und Collembola erörtert. Obwohl es sehr lockend sein könnte ein vollständiges Referat der Arbeit im Ganzen mitzuteilen, glaube ich mich davon entstehen dürfen, weil die Publication für diese Abhandlung, welche von exclusiven systematischen Natur ist kein besonderes Interesse haben kann.

In Revue biologique du nord de la France 2. année, no 1, octobre 1889, pag. 1, veröffentlicht R. MONIEZ Notes sur les Thysanoures. Darin werden einige Thysanuren von den Azoren beschrieben, die der Herr Lieutnant CHAVES eingesammelt, welcher sich durch die Erforschung der Fauna der erwähnten Inselgruppe grosse Verdienste erworben hat. Der Verfasser teilt die Thysanuren in Lépismatiden und Poduriden ein. Von den Poduriden erwähnt er Smynthurus fuscus LINNÉ, Macrotoma tridentifera TULLBERG, Templetonia major MONIEZ welche letztere sich von T. nitida (TEMPLETON) par la taille, l'ongle supérieur et l'appendice saltatoire unterscheidet, Lepidocyrtus lanuginosus? GMELIN undls. Tullbergii[2] MONIEZ. Letzterwähnte neue Art ist wie alle übrigen sorgfältig beschrieben und mit anderen Arten der Gattung verglichen. Da aber keine Figur vorhanden ist, ist es schwer sich eine klare Vorstellung von derselben zu machen besonders da der Verfasser sie mit zwei unter einander so abweichenden Formen wie L. Stuxbergii TULLBERG und L. sensibilis TULLBERG vergleicht. Ferner werden verzeichnet Entomobrya multifasciata TULLBERG, Xenylla humicola O. FABRICIUS, Anurophorus?, Lipura agilis MONIEZ (die L. armata TULLBERG nahe steht und wie diese drei Ocellen an der Basis der Antennen hat, aber unter Anderem durch das Vorhandensein von 50 à 60 tumores organi postantennalis abweicht) sammt L. bipunctata,

---

[1] Seit dem dies geschrieben worden ist habe ich Originalexemplare von S. Doderii PARONA gesehen. Meiner Meinung nach ist die Form als eine Varietät von S. viridis (LINNÉ) LUBBOCK zu betrachten.

[2] Siehe Isotoma palustris MÜLLER in vorliegender Abhandlung.

gekennzeichnet par l'ocelle unique située à la base et au côté externe de chaque antenne, par les organes postantennaux au nombre de 28 environ, gros, ovoïdes, disposés sur une ellipse allongée et par l'absence d'épines anales; sie nähert sich L. sibirica TULLBERG, die auch nur eine Ocelle hat, aber dadurch abweicht, dass das Postantennalorgan nur von 10 bis 11 tumores gebildet ist und dass spinæ anales vorhanden sind.

In Le Naturaliste II Année 1889 2:a Série N:o 53 steht auf Seite 123 ein kleinerer Aufsatz: »Sur un nouveau Genre de Collembola Marin et sur l'espèce type de ce Genre Actaletes Neptuni Gid» von A. GIARD. Die Form gehört der Familie Entomobryidae, dem Verfasser will es aber nicht gelingen sie als Art zu einer der in dieser Familie bisher bekannten Gattungen hinzuführen, weshalb er sie als Repräsentant einer neuen aufstellt. Die Hauptmerkmale derselben giebt er in folgender Zusammenfassung: Les yeux sont au nombre de 7 de chaque côté comme chez les Tomocerus, mais la disposition est différente. La forme de la tête, les dimensions relatives des anneaux rapellent beaucoup les Lepidocyrtus. Von dieser letzteren Gattung unterscheidet sie sich in zwei Hauptpunkten: »1) la disposition coudée de l'extrémité des antennes dont le dernier article forme un angle obtus avec l'avant-dernier, 2) la forme très-spéciale des appendices servant au saut». Wie aber diese forme speciale eigentlich aussieht, davon erfährt man Nichts. Die in den Text mit eingedruckte Zeichnung ist recht schlecht.

In einem Separatabdruck aus den Zoologischen Ergebnissen einer Reise in Niederländisch-Ostindien», herausgegeben von Dr. MAX WEBER, Heft. 1, pag. 73 Leiden 1890, hat J. T. OUDEMANS einen Aufsatz unter dem Titel »Apterygota des Indischen Archipels» eingeführt. Mit der Benennung Apterygota fasst er Thysanura und Collembola zusammen und stellt anscheinend diese als die zweite und geringere der beiden Hauptabteilungen der Insekten dar im Gegensatz zu den übrigen Insekten, die er mit dem Collektivnamen Pterygota belegt. Von den 12 Collembola-Formen, die er beschreibt gehört keine einer neuen Gattung an, dagegen sind alle Arten bis auf zwei ganz neu für die Wissenschaft. Aus der Abteilung der Sminthuriden scheint kein Repräsentant in seinem Material vorhanden zu sein, von Entomobryidae erwähnt er Macrotoma (Tomocerus) montana, Lepidocyrtus variabilis n. sp. und Javanicus n. sp., Entomobrya thoracis n. sp. und longicornis n. sp., Sira annulicornis und sumatrana, n. sp. Templetonia spec., ferner von Lipuriden (Lipurinae) Achorutes armatus (NICOLET) und crassus n. sp., Lipura lineataria BURMEISTER und Anura fortis n. sp. Das Material scheint sorgfältig behandelt zu sein. Um jeden Irrtum zu vermeiden hat der Verfasser für nötig erachtet, jeder Gattung eine Diagnose mit Angabe der Quelle beizufügen. Er sagt nämlich in einer Note: »Da die Genera-Diagnosen der verschiedenen Autoren häufig von einander abweichen, erscheint es mir notwendig die Diagnosen, auf deren Grund ich die neuen Arten in das eine oder andere Genus untergebracht habe, mitzuteilen. Sie sind der schönen Arbeit T. TULLBERGS, »Sveriges Podurider», Stockholm 1872, entnommen». Ein solches Verfahren ist ohne Zweifel wohlbedacht, es wäre auch wünschenswert, dass die Verfasser es im allgemeinen zur Anwendung bringen und sogar bis auf die Arten ausstrecken wollten. So würden vielleicht die Menge Fragezeichen, von denen es in der collembologischen Litteratur wimmelt, allmählig verschwinden.

Dasselbe Jahr hat auch Jindr. Uzel in Sitzber. der K. böhm. Ges. d. Wiss. II eine Abhandlung unter dem Titel: Šupínušky Země české Thysanura Bohemiæ eingeführt. Die Arbeit welche gewiss als eine Monographie über Böhmens Collembola und Thysanura bilden soll, scheint mit besonderer Sorgfalt ausgeführt zu sein. Es ist nur zu bedauern, dass sie auf böhmisch geschrieben und infolge dessen schwer verständlich ist. Hinsichtlich der systematischen Aufstellung setzt der Verfasser Collembola als subordo und Thysanura als ordo; er führt beide zu Brauer's subclassis Apterygogenea. In der speciellen Einteilung der Collembola scheint er teilweise Tullberg, teilweise Lubbock zu folgen, ausgenommen dass der Gattungsname Entomobrya Rondani Degeeria (Nicolet) ersetzen muss. Zur Gattung Smynthurus Latreille werden nicht weniger als 13 Arten hingeführt. Als eine Abart von S. fuscus Linné wird eine Form unter dem Namen Ornata beschrieben (warum nicht ornatus?). Bei einem Blick auf die beigefügte Gesammtfigur muss man doch die Zusammengehörigkeit mit Linné's S. fuscus bezweifeln. Die Antennen erscheinen nämlich zu lang und erinnern eher an S. viridis (Linné) Lubbock oder an S. novemlineatus Tullberg. Da aber der Verfasser keine Specialzeichnung über die appendiculären Teile geliefert, so ist es unmöglich sich mit Sicherheit über die Stellung der Art zu äussern. Von S. aquaticus Bourlet hat der Verfasser augenscheinlich eine andre Auffassung als die weiter unter in dieser Abhandlung ausgesprochene, was daraus hervorgeht, dass er die Art einerseits zu Setosi führt und andrerseits Reuter's S. apicalis zu den Arten der Pilosigruppe zählt. Zwei neue Smynthuriden werden beschrieben S. rex und S. frontalis. In der Charakteristik der letzteren heisst es unter Anderem: »Antennarum articulo ultimo non articulato», was aber bei der Beschreibung der beifolgenden Gesammtfigur nicht angedeutet ist. Übrigens weise ich in Bezug auf S. frontalis auf S. pruinosus Tullberg in diesem Aufsatz hin. In der Familie Templetoniidae findet man die Gattung Orchesella Templeton mit 4 bisher bekannten Arten und einer neuen, welche O. villosa Geoffroy nahe zu stehen scheint; ferner die Gattung Macrotoma Bourlet mit fünf Arten, Templetonia Lubbock und Cyphoderus (Nicolet) mit je einer Art. Die Gattung Lepidocyrtus Bourlet zählt sechs Arten darunter zwei neue und zwar paradoxus und fucatus. Was den Wert dieser Arten betrifft, so lässt sich darüber noch kein Urteil mit Sicherheit fällen. Ferner werden zehn Arten von der Gattung Isotoma Bourlet erwähnt, darunter zwei welche der Verfasser für neu in der Wissenschaft hält nämlich I. palliceps und voraginum. Die letztere dürfte mit Tullberg's I. olivacea identisch sein (siehe weiter unten I. olivacea Tullberg). Aus Lubbock's Familie Poduridae giebt es Repräsentanten für fünf Gattungen, darunter Reuter's Tetrodontophora mit einer Art. Die Gattung Achorutes (Templeton) umfasst fünf Arten, darunter zwei neue: A. socialis, die sich auch in Schweden findet und im systematischen Teil dieses Aufsatzes behandelt ist, nebst A. sigillatus, welche sich durch das Vorhandensein von Postantennalorganen auszeichnet, was früher bei keiner Achorutes-Form beobachtet worden ist. Eine Xenylla-Form X. longispina wird als neu angegeben und zu obiger Familie wird auch die Gattung Podura (Linné) mit der einzigen bisher bekannten Art erwähnt. Von der Familie Lipuridae Lubbock werden Anurophorus laricis (Nicolet) und die Gattung Lipura Burmeister mit zwei Arten aufgenommen. Schliesslich sind in Lubbock's Familie Anoridae die beiden Gattungen Anura (GERVAIS) und Anurida (LABOULBÈNE) mit je einer Art verzeichnet.

In Meddel. af Soc. pro Faun. et Flor. fenn. N:o 17, 1890 pag. 17, erschien eine Veröffentlichung von REUTER unter dem Titel: Collembola in caldariis viventia. Hier teilt der Verfasser das Resultat von Excursionen in Wohnzimmern und Treibhäusern mit. Einige der Wissenschaft ganz neue Formen sind entdeckt worden und sorgfältig beschrieben. Wie man weiter unten sieht, habe ich auch einige derselben in unserem Lande wiedergefunden. In systematischer Ordnung verzeichnet, sagt der Verfasser, bestehen die in, auf und unter Blumentöpfen in Wohnzimmern und Treibhäusern lebenden Collembola aus folgenden Arten: Sminthurus multifasciatus n. sp., S. igniceps n. sp., S. niger LUBBOCK, S. caecus TULLBERG, Papirius rufescens n. sp., P. minutus O. FABRICIUS, Macrotoma tridentifera TULLBERG, Lepidocyrtus pallidus n. sp., L. assimilis n. sp., L. purpureus LUBBOCK, Entomobrya multifasciata TULLBERG, E. spectabilis n. sp., Sinella curviseta BROOK, Sira Buskii LUBBOCK, Orchesella villosa GEOFFROY,[1] Isotoma palustris (GMEL.) TULLBERG. Achorutes viaticus TULLBERG. Lipura armata TULLBERG, L. inermis TULLBERG und Anura muscorum TEMPLETON. In Zusammenhang mit seiner Beschreibung über Entomobrya spectabilis spricht sich der Verfasser gegen BROOK's Auffassung von TULLBERG's Degeeria-Formen aus.

Selbiger Verfasser hat in Öfversigten af Finska Vetenskaps-Soc. Förhandl. Band XXXIII, pag. 226 für das Jahr 1891 ein Verzeichniss über Podurider fran nordvestra Sibirien von J. T. SAHLBERG gesammelt, eingeführt. Zwei Sminthuriden S. variegatus TULLBERG, S. viridis LINNÉ var. cinereo-viridis TULLBERG nebst einer neuen Varietät tripunctatus die der letzteren Art angehörte werden erwähnt. Der Zweifel, den der Verfasser in Betreff der Zusammengehörigkeit der Varietät mit LINNÉ's S. viridis ausspricht, erscheint mir überflüssig. Bei allen von mir untersuchten Exemplaren dieser Form war nämlich die Oberkralle mit einer deutlich wahrnehmbaren Haut versehen, weshalb also jeder Gedanke an S. variegatus TULLBERG anzufangen ist. Bei der Gattung Tomocerus NICOLET werden erwähnt T. vulgaris TULLBERG mit der Varietät sibiricus und T. plumbeus LINNÉ. Die Gattung Entomobrya RONDANI wird durch E. muscorum NICOLET repräsentiert, Orchesella TEMPLETON durch die Arten cincta LINNÉ und rufescens LUBBOCK und schliesslich Isotoma BOURLET durch die Arten palustris (LINNÉ) TULLBERG, Stuxbergi TULLBERG nebst einer in der Wissenschaft neuen mit dem Namen grandiceps.

Schliesslich hat der Verfasser vorliegender Abhandlung ganz neulich vom Drucke herausgegeben Beiträge zur Kenntniss Californischer Collembola (in Bihang till Kongl. Svenska Vet.-Akads Handl. Band 17. Afd. IV, N:o 8, Stockholm 1891). Das Material obenstehenden Aufsatzes ist dem Zoologischen Museum zu Upsala vom ehemaligen Docenten an der Universität Dr. GUSTAF EISEN verehrt worden. Nach dem ein Überblick der bisher in Nordamerika veröffentlichten collembologischen Litteratur geliefert worden ist, gehe ich zur descriptiven Behandlung meines Stoffes über. Dieses umfasst bei Seite von einigen der Wissenschaft ganz neuen Formen mehrere schon vorher bekannte. Von Sminthuriden werden als neue beschrieben, eine Setosi-Form S. Eisenii und eine zur Abteilung

[1] Brieflich bin ich vom Verfasser unterrichtet worden das hier ein Fehler sich eingeschlichen hat. Der Artenname villosa GEOFF. soll gegen cincta (LINNÉ) ausgetauscht werden.

Pilosi gehörende S. plicatus. Von schon früher beschriebenen werden S. niger Lubbock und luteus Lubbock verzeichnet. Die Gattung Papirius Lubbock wird von der neuen Art maculosus vertreten. Die Gattung Entomobrya Rondani rechnet die drei Arten nivalis Linné, multifasciata Tullberg und marginata Tullberg, und von der Gattung Sira Lubbock wird die neue Art purpurea beschrieben. Zur Familie Entomobryidæ wird auch eine ganz neue Gattung Drepanura hinzugelegt. Diese erweist sich als ein Mittelglied zwischen Entomobrya Rondani und Lepidocyrtus Bourlet, weicht aber von beiden durch den Bau der mucrones furculæ ab. Auch die Gattungen Orchesella Templeton und Isotoma Lubbock sind repräsentiert, jene durch die Art rufescens Lubbock, letztere durch die Arten viridis Bourlet var. aquatilis Lubbock und palustris Müller. Endlich kommt auch einige Lipuriden hinzu nähmlich: Achorutes viaticus Tullberg und armatus (Nicolet), Xenylla maritima Tullberg und Lipura inermis Tullberg.

## Zusammenstellung der Locale, wo Collembola während der beiden Expeditionen nach Jenisej und der Vegaexpedition eingesammelt wurden.

### Die Westküste Noraja Semlja's.

| | | |
|---|---|---|
| Matotschkin Scharr | | 73° 20′ n. br. |
| Besimannaja Bay | | |
| Möller Bay | | 72°—73° |
| L. Karmakul Bay | | |
| N. Gusinnoi Cap | | |
| S. Gusinnoi Cap | | 71° 30′ |
| Kostin Scharr (im Süden von Nechwatowa) | (ungef.) | 71° 20′ |
| Die Waigatsch-Insel, Cap Grebeni | | 69° 45′ |
| Die Halbinsel Jalmal | | 72° 50′ |

### Sibirien.

| | | | |
|---|---|---|---|
| | Dickson's Hafen | | 73° 28′ |
| | Kap Jefremow Kamen | | 73° |
| | Krestowskoj | (ungef.) | 72° 30′ |
| | Sapotschnaja Korga | (ungef.) | 72° 52′ |
| | Gostinoj | (ungef.) | 71° 15′ |
| | Die Brioehoff-Insel | | 70° 39′ |
| | Die Sapotschnoj-Insel | | 70° |
| Längs den Ufern Jenisejs | Die Nikandrowschen Insel | | 70° 10′ |
| | Tolstonosowskoj | | 70° 10′ |
| | Dudino | | 69° 25′ |
| | Werschininskoj | | 69° 5′ |

| | | |
|---|---|---|
| | Chantajskoj | 68° 25' n. br. |
| | Igarskoje | 67° 25' |
| | Selivaninsky | 66° 55' |
| | Goroschiskoje | 66° 17' |
| | Turukansk | 65° 55' |
| | Troitskoj | 65° 50' |
| Längs des Ufern Jenisej's. | Melnischnaja | 65° 35' |
| | Baklanovskaja | 64° 25' |
| | Fatjjanovskaja | 64° 5' |
| | Nijnaja Inbatskaja | 63° 50' |
| | Alinskaja | 63° 25' |
| | Surgatskoj | 62° 50' |
| | Tschulkova | 62° 45' |
| | Iusorovo | 62° 10' |
| | Podkamenaja Tunguska's Mündung (ungef.) | 61° 40' |
| | Vorogova | 61° 5' |
| | Nikulina | 60° 20 |
| | Jartsova | 60° 10' |
| | Jeniseisk | 58° 21 |
| | Krasnojarsk | 56° |

Die *Taimur-Insel* (ausserhalb der Nordspitze der N. Taimur-Halbinsel) ............ 76° 15'

*Kap Tscheljuskin* auf der O. Taimur-Halbinsel (der nördlichste Punkt der alten Welt) ............ 77° 36'

Die *Preobraschenie-Insel* in der Chatangabucht ...... 74° 45

Die *Tschuktscher-Halbinsel*: im Osten von Kap Jakan ...... 69° 22'
Irkajpi Pitlekaj, Jinretlen und Umgebungen   66° 30' — 67° 10' n. br.
St. Lawrence Bay ............ 65° 30' n. br.

*N. Amerika*. Port Clarence ...... 65° 15'

*Der Bering-Insel* ...... 65° 30

# COLLEMBOLA.

## Fam. 1. SMINTHURIDÆ Lubbock.

### Gen. 1. SMINTHURUS Latreille.

#### A. Setosi.

#### Sminthurus fuscus (Linné).

*Luteo-fuscus vel rubro-violaceus undique nitidus. Antennæ capite paullo longiores. Unguiculus superior unguinatus. Dentes furculæ pilis clavatis prælongis instructi. Pili clavati in tibiis nulli. Mucrones furculæ limbo altero dentato. Long. 2 mm.*

1758 Podura fusca          Linné, Syst. Nat. Ed. X, Tom. 1, p. 608.
   Sminthurus fuscus 1872 Tullberg, Sveriges Podurider, p. 29.
   Smynthurus       1873 Lubbock, Monogr. of the Coll. and Thys. p. 101.

Diese Art ist nach Tullberg sehr allgemein in einigen Provinzen Schwedens wie Upland, Södermanland, Wärmland, Östergötland, Schonen und auf Gotland. Ich kann hinzulegen Bohuslän und Jämtland. In letzterer Landschaft habe ich sie vielfach auf den Hochgebirgen in der Nadelholzregion unter Holzstücken, herabgefallenen Zweigen und unter der losen Rinde alter Baumstümpfe gefunden. Einige Exemplare auch in der Birkenregion. Nach meinem Materiale zu beurtheilen scheint man hier den Grenze der vertikalen Verbreitung der typischen Art setzen können, da sie in ganz arctischen Regionen von einer ihm angehörenden Varietäten vertretet ist. Ist eine Form mit besonders grosser horizontaler Verbreitung.

Findet erwähnung von Finnland (Reuter), Dänemark (Müller), England (Lubbock), Irland (Templeton), Schottland (Reuter), Frankreich (Gouelet, Geoffroy), der Schweiz (Nicolet), Deutschland (Burmeister, Uzel), Oestreich, Tirol (v. Dalla-Torre), Holland (Moniez), Ungarn (Moniez, Tomösvary), Afrika (Moniez) und den Azoren (Moniez).

#### var. purpurascens Reuter.

*Purpurascens vel persæpe cæruleus. Pili clavati in dentibus furculæ nulli.*

1891 Sminthurus fuscus (Linné) var. purpurascens Reuter, in literis.

Ist durch die Abwesenheit furcaler Spürhaare und die hell blaue Körperfarbe von der Hauptform zu entscheiden.

Mehrere Individuen wurden während H. Sandberg's Expedition nach der Kola-Halbinsel in der Stadt Kola eingesammelt. Aus Finnland habe ich auch ein Exemplar durch Herrn Prof. O. M. Reuter empfangen.

## Sminthurus viridis (Linné) Lubbock. (Taf. I, Fig. 1—5.)

*Antennæ capite multo longiores. Unguiculus superior vaginatus uno dente armatus. Pili clavati in tibiis aut in dentibus furculæ nulli. Mucrones excavati limbis glabris. Long. 1,5—2 mm.*

| 1758 | Podura | viridis | Linné, Syst. Nat. Ed. X. T. 1. p. 608. |
| | Sminthurus | | 1872 Tullberg, Sveriges Podurider p. 30. |
| | Smynthurus | | 1873 Lubbock, Monograph of the Coll. and Thys. p. 100. |

Diese Art tritt in einer Menge Formen- und Farbenschattirungen auf. Bald ist der Rumpf gleichmässig breit und gewölbt, bald erweitert sich das grosse Abdominalsegment nach unten zu, so dass es die Form eines Triangels erhält und etwas platt erscheint. Die Grundfarbe kann grünlich, gelb, braun oder rein weiss sein. Weiter unten notiere ich einige Formen, deren Unterscheidung mir leicht zu sein scheint.

### Forma principalis.

*Luteo viridis vel rufus signaturis varicepitis ornatus. Adsunt maculæ anales.*
1873 Smynthurus viridis Lubbock, Monograph of the Coll. and Thys. p. 100.
1892 Sminthurus nigromaculatus Tullberg var. infuscatus Reuter, in literis.

Als die Hauptform sehe ich die von Lubbock beschriebene und in seinem Monograph of the Coll. and Thys. abgebildete an. Die Grundfarbe ist grünlich oder nussbraun; auf der Zeichnung des grossen Abdominalsegments lässt sich immer ein heller re-entering angle unterscheiden. Die Seiten des Thoracalsegments sind mit schwarzen, triangelförmigen Flecken geziert. Die bei dieser Art häufig vorkommenden Analflecke scheinen in der Form und Anordnung Variationen unterworfen zu sein. Gewöhnlich kommt aber ein triangelförmiger auf dem Endsegment des Abdomen vor.

### var. α) **cinereo-viridis** Tullberg.

*Cinereo-viridis. Desunt maculæ anales.*
1872 Sminthurus viridis (Linné) Lubbock var. cinereo-viridis Tullberg, Sveriges Podurider p. 30.

Das hervorragendste Merkmal dieser Abart ist das Fehlen der Analflecke.

### var. β) **nigro-maculatus** Tullberg.

*Flavus; latera abdominis signaturis rubris vel nigrescentibus ornata. Macula nigra supra anum.*
1872 Sminthurus viridis (Linné) Lubbock var. nigro-maculatus, Tullberg, Sveriges Podurider p. 30.

Analflecke vorhanden. Das grosse Abdominalsegment ist mit zwei bogenförmig gegen einander liegenden braunen oder schwärzlichen Flecken versehen. Die Grundfarbe bei dieser Abart ist oft hellgelb.

### var. γ) **dorsovittatus** REUTER.

*Albus, lineis duabus in dorso fusco-punctatis sursum divergentibus. Adsunt maculæ anales.*

1892 Sminthurus nigromaculatus TULLBERG var. dorsovittatus REUTER, in litteris.

Eine besonders schöne Form. Grundfarbe rein weiss. Das grosse Abdominalsegment ist mit zwei nach oben zu divergierenden, tief schwarzen, punktierten Linien versehen; das Analsegment hat zwei Flecke, einen oberen kleinen triangelförmigen und einen unteren, der aus zwei gegen einander stehenden Triangeln gebildet zu sein scheint.

### var. δ) **speciosus** n. v.

*Viridi-flavus, lineis punctatis, quæ angulum retrorsum in dorso formant. Adsunt maculæ anales.*

Grundfarbe grüngelb. Divergierende Punktlinien kommen auf dem grossen Abdominabsegment vor, aber die Punkte sind hellgelb und erscheinen warzenförmig erhöht. Die Analflecke in der Anordnung und dem Aussehen ungefähr wie bei den vorigen.

### var. ε) **tripunctatus** REUTER.

*Cinereo-viridis, abdominis segmento parvo punctis tribus nigris, intermedio paullo majore.*

1891 Smithurus viridis (LINNÉ) LUBBOCK var. tripunctatus REUTER, Öfvers. af Finsk. Vet. Soc. Förh. Bd XXXIII, p. 226.

Grundfarbe hell gelbweiss oft lehmgrau. Drei in der Breite neben einander stehende Analflecke auf dem Endsegment des Abdomen. Bei den von mir untersuchten Individuen dieser Varietät habe ich eine gut entwickelte tunica pellucida in den Oberkrallen gefunden.

Die Hauptform schon früher in unserm Lande in der Umgegend von Upsala angetroffen, die Abarten cinereo-viridis TULLBERG und nigromaculatus TULLBERG in Schonen und auf Gotland. Ich habe die Art aus Löfsta in nördlichen Upland und aus Jämtland. In letzterer Provins traf ich sie in mehreren Exemplaren auf einem Ufer des Anusees 526 M. ü. d. M. Hier wie auch in Upland wurde sie von der Abart nigromaculatus TULLBERG hervorgetreten. Diese Varietät wurde auch von Herrn Prof. CHR. AURIVILLIUS in Wärmland gefunden. Die Abart dorsovittatus REUTER ist nur aus Finnland bekannt; die Abart speciosus scheint bei uns recht allgemein. Ich habe sie mehrmals in Upland und Ostergotland gefunden und in den Sammlungen des Zoologischen Museums zu Upsala giebt es mehrere Exemplare welche in Ångermanland von Herrn Prof. T. TULLBERG eingesammelt wurden.

In den Sammlungen des Reichsmuseums finden sich von obiger Formenserie eine geringere Anzahl Exemplare, die von der Jenisejexpedition 1875 bei Kostin Scharr auf

Novaja Semlja gefunden wurde. Alle waren aber so schlecht konserviert, dass es unmöglich ist ihre Zeichnung zu sehen.

Die zweite Jenisejexpedition erhielt die Abart tripunctatus REUTER bei Tschulkowa, Dudino und Tolstonosovskoj in Sibirien und die Vegaexpedition, die Abart cinereo-viridis TULLBERG auf ihren Ausflügen bei der Konjam-Bay im Senjavinsunde in der Tschuktsch-Lande. REUTER erwähnt die Abarten cinereo-viridis TULLBERG vom Jenisej und tripunctatus REUTER von Turukansk.

Wird ausserdem verzeichnet von Finnland (REUTER), England (LUBBOCK), Irland (TEMPLETON), Frankreich (BOURLET, GEOFFROY), der Schweitz (NICOLET), Deutschland (in der Gegend von Berlin) (REUTER), Böhmen (UZEL), Oesterreich, Tirol (ein Individuum in der Nähe Innsbrucks) (DALLA TORRE), Italien (PARONA) und Tunis (PARONA).

Zur obenstehender Serie gehören die von PARONA als S. fuscus DE GEER, S. luteus LUBBOCK und S. Doderii PARONA aufgenommene Formen.

### Sminthurus variegatus TULLBERG. (Taf. I, Fig. 6.)

*Fulvus, signaturis nigris distinctis, furcula pedibusque flavis. Antennae capite multo longiores. Unguiculus superior non vaginatus, uno dente armatus. Long 3 mm.*

1876 Sminthurus variegatus. TULLBERG. Collembola borealia p. 29.

Steht im System S. viridis (LINNÉ) am nächsten, unterscheidet sich aber von dieser sogleich durch die charakteristische Zeichnung und durch das Nichtvorhandensein der tunica pellucida auf der Oberkralle.

Wurde während der Jenisejexpedition 1875 in Sibirien bei Werschininskoj gefunden. Der Jenisejexpedition 1876 erhielt einige Individuen auf den Nikandrowschen Inseln und bei Tolstonosovskoj. Der Herr Dr. J. SAHLBERG hat REUTERS Mitteilungen gemäss diese Form auch in Sibirien angetroffen.

Eigenthümlicherweise gibt PARONA die Art als in Ligurien gefunden an.

### Sminthurus flaviceps TULLBERG. (Taf. I, Fig. 7—10.)

*Atro-rufus, capite flavo, pedibus partibusque basalibus antennarum pallidis. Tibia pilosingula clavato instructa. Unguiculus superior vaginatus. Mucrones furcula excavati, limbis denticulatis. Long 1 mm.*

1872 Sminthurus flaviceps, TULLBERG. Sveriges Podurider p. 30.

Lässt sich ausser dem Merkmal Tibia pilo singulo instructo leicht von den übrigen schwedischen Setosi-Formen durch seine an beiden Rändern gezähnten Mucrones unterscheiden. Die fragliche Varietät fennicus REUTER weicht dadurch von der Hauptform ab, dass nur die Vorderseite des Kopfes hell ist. Die Hauptform wie die Varietät scheinen in unserm Lande recht selten zu sein, jene ist nur einmal in Schonen gefunden worden und von dieser erhielt ich einige Individuen aus Löfsta in Upland, wo sie auf Carices in einem Sumpfe vorkam.

Ausserhalb Schwedens nur aus Finnland (REUTER) mit Sicherheit bekannt.

## Sminthurus marginatus n. sp. (Taf. I. Fig. 11—14.)

*Pallide subrudiundus, capite apicibusque tibiarum albidis; latera rubra signaturis claris ornata. Antennæ cærulescentes, corpore haud breviores, articulo quarto ceteris conjunctis fere duplo longiore. Unguiculus superior non vaginatus, margine externo crassissimo; unguiculus inferior dente minimo et appendice filiformi instructus. Mucrones furculæ excavati, limbis denticulatis. Desunt pili clavati. Long. 1.3 mm.*

Diese Art kommt S. flaviceps TULLBERG zunächst. Wie bei dieser ist das vierte Glied der *Antennen* besonders lang, beinahe doppelt so lang wie die übrigen zusammengenommen, und die *Mucrones Furculæ* sind löffelförmig und an beiden Rändern gezähnt. Ausser der Farbenzeichnung, die bei S. flaviceps TULLBERG besonders karakteristisch ist, differieren die Formen in mehreren Hinsichten. Während S. flaviceps TULLBERG an jeder *Extremität* ein tibiales Spürhaar hat, welches bei den von mir gefundenen Exemplaren dieser Art mit ganz deutlichen Anschwellungen versehen war, fehlen solche pili clavati bei S. marginatus gänzlich. Eine andere Verschiedenheit spricht sich im Bau des *Tarsus* aus. Bei S. flaviceps TULLBERG ist die Oberkralle mit einer deutlich auftretenden Hülle umgeben und die Unterkralle hat auf allen Extremitätspaaren einen äusserst minimalen Fadenanhang, wodurch die Kralle zweispitzig erscheint. Die Oberkralle von S. marginatus ist dagegen nicht in eine Tunica gehüllt, hat aber im vorderen Teile des oberen Randes eine scharf hervortretende Wulst oder Kiel. Die mit einem kleinen Zahn bewaffnete Unterkralle hat einen langen Fadenanhang, der bei dem vorderen Extremitätenpaar bis über die Spitze der Oberkralle reicht. Ob sich auch ein Zahn auf der Oberkralle befindet, ist schwer zu entscheiden, doch glaubte ich einen kleinen auf dem vorderen Extremitätspaare wahrzunehmen. *Setæ*, die bei vorliegender Art auf dem grossen Abdominalsegment dicht an einander sitzen, scheinen am Kopf und den letzten Abdominalsegmenten in feinere, biegsamere Borsten überzugehen. Dies ist bei S. flaviceps TULLBERG nicht der Fall. Hier sind sie völlig typisch auch auf den letzt genannten Körperteilen und setzen sich ausserdem vom Kopf bis auf die drei innersten Glieder der Antennen fort, deren Endlied mit feineren aber noch ziemlich langen Haaren versehen ist. Die *Antennen* bei S. marginatus können dagegen nicht als setosi bezeichnet werden, sondern sind ganz feinhaarig mit nur einigen hervortretenden längeren Haaren. Die *Körperfarbe* ist rotbraun, unregelmässig mit hellgelb punktiert. Der Kopf ist heller als der Rumpf und hat einen kleinen, dunklen Fleck zwischen den Augen, die untere Partie der Tibien erscheint fast ganz ungefärbt.

Ich habe die Form bei Skokloster in Upland in einem Gehölz teils unter Moos teils unter einem herabgefallenen, halbvermoderten Birkenzweig gefunden.

## Sminthurus novem-lineatus TULLBERG.

*Pallide-flavus; abdomen novem lineis longitudinalibus, quarum duæ badiæ, ceteræ nigræ sunt, caput tribus badiis, duabus nigris ornatum. Unguiculus superior nudus. Tibia pilis 2—3 clavatis instructæ. Long 1,3 mm.*

1872. Sminthurus novem-lineatus, TULLBERG, Sveriges Podurider, p. 36.

In unserm Lande früher nur auf Gotland gefunden (TULLBERG). Ich habe ihn in Bohuslän, in Upland in der Umgebung von Upsala und bei Löfsta, auf mehreren Stellen in Jämtland wie beim Anmsee 526 M. ü. d. M. unter carices, ferner auf dem Mullfjäll oberhalb der Baumgrenze, auf dem Wellistafjäll 800 M. ü. d. M. und endlich auf dem westlichen Abhang von Areskutan 900 M. ü. d. M. getroffen.

Wurde auch von Herrn Prof. LILLJEBORG in Tärnea Lappmark, teils in Karesuando teils auf einer andern Stelle zwei Meilen nördlich davon gefunden. Von den Lappländischen Exemplaren ist nur das eine völlig typisch; die übrigen sind bläulich, vielleicht jüngere Individuen oder eine Varietät. Der Herr Prof. CHR. AURIVILLIUS hat diese Art in Wärmland erhalten.

Ausserhalb Schwedens ist sie nur aus Finnland (REUTER) und Deutschland, Böhmen (UZEL) bekannt.

### Var. α) insignis REUTER.

*Oblongus, luteus, opacus, pallido-setosus; dorso postice vel fere toto vittaque capitis inter maculas melliferas nigras obscurioribus, subfuscis; antennis articulis duobus ultimis distinctissime annulato capiti nec non etiam articulis duobus præcedentibus longitudine æquali; segmento abdominis minore, assurgente, sat alto, postice paullo supra basin rotundato-ampliato, versus apicem iterum constricto, margine superiore obliquo, anteriore leviter sinuato; tibiis apice pilis 2—3 clavatis instructis; unguiculis superioribus nudis, inferioribus pedum anticorum sensim in setam longam curvatum apicem unguiculi superioris superantem, pedum posticorum a basi usque ad medium laminato-explanatis, dein subito in acumen nonnihil obliquum constrictis, superiorum apicem vix superantibus; furca mutli dentibus manubrio longioribus, utrinque serie setarum pallidarum instructis, mucronibus oblongis, laminato-explanatis et hyalino-limbatis, dentibus crevicer quadruplo brevioribus et apice eorum parum latioribus, versus apicem non nisi levissime angustatis. Long 1—1 $^1/_2$ mm.*

Sminthurus insignis, REUTER, Cat. præc. Pod. Fenn. p. 83.

Obige und nächstfolgende von REUTER[1] beschriebene Arten schliessen sich nach ihrer Morphologie so nahe S. novemlineatus TULLBERG an, dass sie meines Erachtens nur als Farbenvarietäten aufgefasst werden können.

S. insignis REUTER weicht von S. novemlineatus TULLBERG ab durch das Nichtvorhandensein der neun dunklen longitudinalen Dorsallinien auf der oberen Seite des Abdomen. Das Abdomen, besonders der hintere Teil seines grossen Segments, ist dagegen

---

[1] Obige Diagnose ist mir brieflich von Herr Professor REUTER mitgeteilt worden. Die alte in Cat. præc. Pod. Fenn. ist dagegen teilweise falsch und ausserdem durch Druckfehler entstellt.

auf dem Rücken und an den Seiten mit einer brandgelben Farbe bedeckt, die sich auf citrongelbem Grund in kleine Fleckchen zerteilt, wodurch das Aussehen dieser Art S. luteus Lubbock beträchtlich näher tritt. Oft merkt man auf der Dorsalseite eine langgestreckte Schattenlinie was vom Durchscheinen des Darminhalts herrührt.

Diese Form habe ich in Bohuslän und Upland in kleinen Gewässern, sogar in Jämtland auf Åreskutan auf einer Höhe von 875 M. ü. d. M. in dem sogenannten Mörviktjärn getroffen.

### Var. β) pilosicauda Reuter. (Taf. II. Fig. 1—1.)

*Violaceo-niger, supra cyanescenti-pruinosus, longius pilosus, antennis et pedibus longe pilosis, illis articulo secundo sæpe testaceo, apice violaceo, tertio et quarto obscure violaceis, hoc penultimo circiter dimidio longiore, distinctissime annulato; pedibus obscure violaceis, tibiis pilis duabus clavatis, unguiculo superiore nudo, inferiore pedum anticorum simplici, apice longissime et anguste curvato-producto apicem unguiculi majoris attingente, pedum autem posticorum a basi ad medium usque late laminato-explanato, dein subito angustissime acuminato et ipso apice uncinato, unguiculo superiore longitudine æquali; furca anali longa, pallide violacea, serie utrinque setarum longarum instructa, segmento apicali elongato-laminato-explanato, ut in Sm. roseolineato constricto; ventre pallido. Long $1^1/_4$—$1^1/_2$ mm.*

Sminthurus pilosicauda, Reuter, Cat. præc. Pod. Fenn. p. 83.

Die Farbe des Tieres ist sehr dunkel und besteht aus einer Mischung von violett und braun. Ich habe die Form in Bohuslän und Jämtland unter denselben Verhältnissen wie die vorige erhalten. Der Herr Prof. Reuter hat mir gütigst mitgeteilt, dass er dieselbe auf Dalarö gefunden.

### Sminthurus multifasciatus Reuter. (Taf. I. Fig. 15—17.)

*Cyanescenti-niger, opacus, pallido-setosus, lituris et lineis capitis fasciisque transversalibus 12—13 dorsi trunci pallidis flavontibus articulis basalibus antennarum pedibusque pallido-annulatis antennis medio longis. Ocelli in maculis nigris positi. Articulus quartus antennarum perspicue annulatus. Unguiculus superior nudus. Pili clavati in tibiis nulli. Mucrones furculæ excavati forma calcedi, limbris glabris. Long 1,5 mm.*

1890, Sminthurus multifasciatus, Reuter, Collembola in Cald. viv. pag. 24.

Die Art ist von Reuter in dem Aufsatz Collembola in caldariis viventia beschrieben worden. Auf den Abbildung, welche der Beschreibung hinzugefügt ist, scheint die weisse Farbe in deutlichen Querbändern verteilt. Das einzige Individ, welches ich die Gelegenheit hatte zu untersuchen und wovon in dieser Arbeit eine treue Abbildung geliefert worden ist, weicht in dieser Hinsicht ein wenig ab. Vielleicht ein junges Individuum. Reuter sagt nämlich, dass Specimina juniora multo magis pallido-variegata sein können. Das Endglied der *Antennæ* ist deutlich annuliert. Der Mucronalteil der *Furcula* ist ausgehöhlt, schuhförmig und hat die Ränder ganz glatt. Keulenförmige Spürhaare werden ganz vermisst. Das Tier ist auf der Dorsalfläche mit kurzen dicken rückwärts gebogenen

Borsten gekleidet, weswegen das Ausdruck in Reuter's Diagnose longe pallido-setosus wenig passend scheint. Die Grundfarbe ist schwarzblau und das Tier erscheint gesprenkelt durch die Vorhandensein gelbweisse Querbändern und Flecken auf dunkleren Grund. Es dürfte überflüssig sein auf eine nähere Erklärung der Form und Verteilung der Flecke einzugehen, ich weise also nur auf die gegebene Abbildung hin, füge aber hinzu dass die appendiculären Teilen schön himmelblau sind.

In Treibhäusern des botanischen Garten zu Helsingfors von Herrn Prof. O. M. Reuter gefunden.

## B. Pilosi.

### Smithurus bilineatus Bourlet.

*Flavus; abdomen duabus lineis longitudinalibus fuscis ornatum. Mucrones furculæ non acuminati. Unguiculus superior nudus. Tibiæ pilis 2—3 clavatis instructa. Long. 1 mm.*

1843. Smynthurus bilineatus, Bourlet. Mem. sur les Podurelles, p. 58.
Smithurus 1872. Tullberg. Sveriges Podurider, p. 34.

Diese Art, die früher nur spärlich auf Gotland angetroffen wurde, ist eine der allgemeineren in Jämtland. Beim Einfangen in der Nadelwaldregion auf dem Grase, auf Betula nana, Myrtillus nigra und Salix polaris erhält man sie so hoch hinauf wie diese gehen und immer mit andren Collembola zusammen.

Auch bekannt in Finnland (Reuter), England (Lubbock) insofern sie nämlich synonym mit S. Bourletii Lubbock ist, was aber ganz wahrscheinlich; Frankreich (Bourlet.)

### Smithurus pruinosus Tullberg. (Taf II. Fig. 13—16.)

*Supra flavo-viridis vel persæpe atro-cæruleus, punctis et signaturis rubro-violaceis vel flavis ornatus, infra lividus, undique pruinosus. Macula frontalis fulva. Unguiculus superior nudus. Tibiæ pilis 2—3 clavatis instructa. Mucrones furculæ non acuminati. Long. 1 mm.*

1872. Smithurus pruinosus, Tullberg. Sveriges Podurider, p. 34.
lineatus. Reuter. Cat. præc. Fenn. p. 85.
1890. Smynthurus frontalis. Uzel. Thysan. Bohem. p. 57.

Bei meinen Ausflügen in den Hochgebirgen Jämtlands fand ich oft einen dunkel blaugrünen Smithuriden, der sich im Allgemeinen im Grase und auf Blaubeersträuchern zeigte. Er ist identisch mit Reuter's lineatus, von welchem ich auch einige Exemplare untersuchen konnte. Reuter hat mir mehrere Mal seine Bedenken inbetreff der Selbständigkeit der Art mitgeteilt und die Frage an mich gerichtet, ob dieselbe nicht zu Tullberg's pruinosus hinzuführen wäre. Obwohl ich mehrere Typexemplare von Gotland hatte, wagte ich doch nicht die Frage sogleich zu beantworten, da Tullberg's Beschreibung in Sveriges Podurider mir nicht in allen Teilen auf die im hiesigen Museum verwahrten Exemplare zu passen scheint. So z. B. spricht Tullberg von drei transversehen Einschnitten auf dem vorderen Teil des Abdomen von denen der letzte besonders tief ist. Das Vorhandensein dieser Einschnitte habe ich nicht constatieren können. Auch will ich hervorheben, dass das Colorit der gotländischen Exemplare in der Grundfarbe überwiegend violett zu sein scheint, während meine in Jämtland gefundenen Exemplare dunkel blaugrün und mit einer blauen Pruina überzogen sind. Was mich indessen nach gründlicher Untersuchung bestimmte REUTER'S S. lineatus und die von mir gefundene Form mit S. pruinosus TULLBERG für indentisch zu halten war die völlige Übereinstimmung im Bau der *appendicularen Teile* des Tieres. Das innere Drittel des Endgliedes der *Fühler* ist glatt, die übrigen $^2/_3$ sind deutlich annuliert. Die Länge des articulus quartus beträgt ungefähr ebenso viel als die Länge der beiden vorhergehenden Glieder zusammen. *Kralle* und *Furcula* haben das Aussehen wie die resp. Figuren zeigen. Die Form des Körpers ist oft dieselbe wie bei S. luteus (LINNÉ) LUBBOCK d. h. der vordere Teil des grossen Abdominalsegments ist höher als der hintere. Bisweilen kann aber das Tier ganz rund sein. Ich teile die Gesammtfigur eines Tieres mit das eine besonders regelmässige Zeichnung hatte, ich will aber hervorheben, dass es nicht als typisch betrachtet werden darf, denn die hellen hier und da über das Abdomen zerstreuten Striche und Punkte sind in ihrer Verteilung und in ihrem Aussehen sehr wechselnd. Auch die Ausdehnung des hellen Feldes auf dem Kopfe kann verschieden sein. Die Farbe desselben ist gewöhnlich braun und auf den Seiten von longitudinellen Interocellarflecken, die hellgelb sind, begrenzt. Übrigens ist der Kopf bläulich. Wie aus der Synonymenliste hervorgeht, habe ich UZEL'S S. frontalis mit einigen Bedenken für identisch mit vorliegender art gehalten. UZEL'S Diagnose hat folgenden Wortlaut.

*Subtiliter albo-pilosus. Corpore atro cinereo vel nigro abdomine supra punctis parvis st signaturis viridibus. Capite inter maculas oculares fulvo. Antennarum articulo ultimo non articulato. Mucronibus furculae non acuminatis, longitudinaliter carinatis. Unguiculis superioribus nudis. Tibiis pilis tribus clavatis instructis. Long. corp 0,7–1 mm.*

Sowohl seine Gesammtfigur als auch die Abbildungen der Einzelheiten scheinen mir gut auf S. pruinosus TULLBERG zu passen.

In unserm Lande allgemein in Jämtland, Upland und auf Gotland.

In Finnland kommt sie auch nach REUTER ziemlich allgemein hervor. Übrigens nur bekannt aus Deutschland, in der Gegend von Berlin (REUTER) und in Böhmen (UZEL).

### Sminthurus cinctus TULLBERG.

*Flavus, abdomine supra nigro, fascia transversali flava ornato. Ocelli in maculis nigris positi. Tibiae pilis 2–3 clavatis instructa. Mucrones furculae non acuminati. Long. $^1/_2$ mm.*

1872. Sminthurus cinctus TULLBERG. Sveriges Podurider. p. 34.

Früher in Upland und Schonen gefunden. Ich habe mehrere Exemplare von Lötsta im nördlichen Upland und ein einziges von Jämtland.

Während der Jenisejexpedition 1876 wurden von dieser hübschen Art drei völlig typische Exemplare in Sibirien in der Nähe von Krasnojarsk gefunden.

Auch bekannt in Finnland (REUTER) und Deutschland, Böhmen (UZEL).

### Sminthurus luteus LUBBOCK.

*Luteus, articulo quarto antennarum pallide violaceo. Ocelli in maculis nigris positi. Unguiculis superior nudus. Tibia pilis 2—3 clavatis instructa. Mucrones furcula non acuminati. Long. ½ mm.*

1867. Sminthurus luteus. LUBBOCK, Notes on the Thys. P. III. p. 296.
1872. TULLBERG. Sveriges Podurider. p. 32.

Diese in Schweden bisher nur auf Gotland wahrgenommene Art, hat sich in den von mir untersuchten Gegenden als recht allgemein erwiesen. Ich habe sie auf fast allen bewaldeten Hügeln und Wiesen, die ich mit dem Fänger besuchte in der Gegend von Upsala, bei Löfsta und an mehreren Orten i Jämtland gefunden.

Mehrere Exemplare wurden in Sibirien bei Krasnojarsk und Dudino während der Jenisejexpedition 1876 erhalten. Auch wurden einige Individuen dieser Art in der Stadt Kola bei der Expedition H. SANDEBERGS nach der Halbinsel Kola eingesammelt.

Wird übrigens von Finnland (REUTER) England, wo sie very common among grass ist (LUBBOCK) Deutschland, Böhmen UZEL Oestreich, Tirol (v. DALLA TORRE), Sardinien (PARONA) und Kalifornien (AUCTOR) verzeichnet.

### Sminthurus pallipes LUBBOCK.

*Atro-cajus, antennis tibiisque flavis. Ocelli in maculis nigris positi. Unguiculus superior nudus. Tibia pilis 2—3 clavatis instructa. Mucrones furcula non acuminati. Long ² mm.*

1867. Sminthurus pallipes. LUBBOCK, Notes on the Thys. P. III. p. 297.
1872. TULLBERG. Sveriges Podurider. p. 32.

Ein einziges Exemplar im Moos in der Nähe von Thorsborgen auf Gotland (TULLBERG). Diese Art habe ich niemals gefunden. Ausserhalb Schwedens nur in England bekannt (LUBBOCK).

### Sminthurus albifrons TULLBERG.

*Atro-cajus, macula quadrata alba inter maculas nigras oculares, tibiis flavis, antennis fuscoflavis. Unguiculus superior nudus. Tibia pilis 3—4 clavatis instructa. Mucrones furcula acuminati. Long. ² mm.*

1882. Sminthurus albifrons. TULLBERG, Sveriges Podurider. p. 32.

Kommt nach TULLBERG spährlich auf bewaldeten Hügeln im Moos in Upland hervor. Habe sie niemals angetroffen.

### Sminthurus Tullbergi Reuter. (Taf. II. Fig. 5—7.)

*Cyanescens, pilosus, macula quadrata alba inter maculas nigras oculares, abdomine lateribus lineis irregularibus albicantibus variegato, antennis cyaneis, articulis ultimis distincte annulatis, pedibus furcaque anali pallide cyanescentibus, tibiis pilis 3 clavatis, unguiculo superiore nudo, mucronibus furculæ acuminatis. Long. $^2/_3$ mm.*

Sminthurus Tullbergi, Reuter, Cat. præc. Podr. Fenn. p. 85.

Von dieser gut charakterisierten Art giebt es zwei Exemplare in den Sammlungen der Universität zu Helsingfors. Unter dem Mikroskop erkennt man sie sogleich an den eigenthümlich gebildeten *Endsegmenten der Gabel*. Sie sind nämlich schmal rinnenförmig mit aufwärts gebogenen Spitzen, so dass sie von der Seite gesehen einer Sichel gleichen. Das zweite Glied der *Antennen* ist ungefähr halb so lang wie das dritte, welches wieder nur die halbe Länge des deutlich geringelten Endgliedes besitzt. Alle *Krallen* sind gleich, ziemlich langgestreckt und ohne Fadenanhang, die Tibien sind mit drei keulenähnlichen Spürhaaren versehen. Die *Körperfarbe* ist blauschwarz, Antennen und Extremitäten sind hell und auf der Vorderseite des Kopfes befindet sich ein weisser, quadratförmiger Fleck zwischen den dunklen Augenflecken. Durch ihre Zeichnung gleicht diese Art auffallend S. albifrons Tullberg, mit welcher sie auch Reuter beim Aufstellen seiner Diagnose vergleicht.

Finnland (Reuter).

### Sminthurus aureus Lubbock.

*Fulvus capite pallidiore. Tibia pilis 3—4 instructus. Mucrones furculæ acuminati. Long 1 mm.*

1862, Smynthurus aureus, Lubbock, Notes on the Thys. P. II. p. 859.
 Sminthurus    1872, Tullberg, Sveriges Podurider, p. 32.

Diese Art habe ich niemals angetroffen. Ist der Mittheilung Tullbergs gemäss in Upland vom Herrn Dr. E. Björkman gefunden. Ausserhalb Schwedens findet sie nur aus England (Lubbock) Erwähnung.

### Sminthurus quadrilineatus Tullberg. (Taf. I. Fig. 18—19.)

*Pallide flavus, quattuor lineis longitudinalibus in abdomine fusco-nigris. Ocelli in maculis nigris positi. Unguiculus superior nudus. Tibia pilis 3—4 clavatis instructa. Mucrones furculæ acuminati. Long $^2/_3$ mm.*

1873, Sminthurus quadrilineatus, Tullberg, Sveriges Podurider, p. 33.

Nach Tullberg in Schonen angetroffen. Ich habe diese Art von Staffsvret in Upland und von Östergötland.

### Var. **Ochropus** REUTER.

*Ater, pedibus furculaque albis.*

1890, Smintburus quadrilineatus, TULLBERG, var. Ochropus, REUTER, in litteris.

Diese Varietät obiger Art ähnelt bei oberflächlicher Betrachtung in Bezug auf die Zeichnung sehr S. niger LUBBOCK aber ein wichtiger Unterschied spricht sich in den kurzen undenticulierten *mucrones furculae* aus.

Finnland (REUTER).

### **Smintburus violaceus** REUTER. (Taf. II. Fig. 8—11.)

*Globosus, violaceus. Articulus ultimus antennarum haud annulatus. Unguiculus superior nudus, inermis. Pili clavati in tibiis nulli. Dentes furculae divergentes, mucrones convergentes acuminati, non denticulati. Long 0,75 mm.*

1878, Smintburus violaceus, REUTER, Soc. pro Faun. et Flor. Fenn., p. 203.

Über diesen Smintburiden lieferte REUTER auf der Jahreszusammenkunft den 13 Mai 1878 vor der Soc. pro Faun. et Flor. Fenn. eine kurze, äusserliche Beschreibung. Die Art ist an dem kugelrunden Rumpf und an der gegenseitigen Stellung der Gabelbeine leicht wiederzuerkennen. Die *dentes* divergieren stark auswärts, *Mucrones* bilden einen stumpfen Winkel gegen dieselben und haben nach innen zu gerichtete Spitzen. Der zweite und dritte Glied der *Antennae* sind fast gleich lang, das Endglied ist nicht ganz so lang wie das nächstliegende und zeigt keine Spur von Annulierung. Die Haarbekleidung dieses Organs wird auf dem Endgliede kräftiger fast borstenähnlich. Die *Tibien* haben keine keulenähnliche Spürhaare; die Oberkralle ist unbewaffnet, die Unterkralle läuft in einem keulenähnlichen Haaranhang aus. — Das *Mucronalsegment* der Furcula ist lang, schmal und spitz, an der einen Kante feingesägt. Die *Farbe* des Tieres ist violette, Scheitel, Stirn und eine feine Linie längs des Rückens hell, eine feine dunkle Linie zwischen den Augen.

Vom Herrn Prof. O. M. REUTER in Finnland bei Lofsdal gefunden.

### **Smintburus niger** LUBBOCK. (Taf. I. Fig. 12.)

*Niger papillis inter oculos pallidis. Unguiculus superior nudus. Tibia pilis 3—4 clavatis instructa. Mucrones furculae acuminati. Long ? mm.*

1867, Smynthurus niger.   LUBBOCK, Notes on the Thys. P. III. p. 297.
Smintburus   1872, TULLBERG, Sveriges Podurider, p. 33.

Wird in grossen Mengen auf Blumentöpfen in Zimmern auf Gotland und in Upland gefunden (TULLBERG). Ich habe sie ausserdem in Bohuslän bei Kusered in der Nähe von Grebbestad in einer Süsswassersammlung mit reicher Vegetation gefunden, ferner in Jämtland in einer Bucht des Kallsees 386 M. ö. d. M. und auf Areskutan, teils in der Kiefer-region, teils und zwar in einem einzigen Exemplar auf dem Gipfel des Berges, 1,470 M. ö. d. M.

Der Jenisejexpedition 1876 erhielt ein Exemplar aus Sibirien in den Nikandrowschen Inseln.

Übrigens aus Finnland (REUTER), England (LUBBOCK), Deutschland, Böhmen (CZEL), Oestreich, Tirol (V. DALLA TORRE), Ungarn (TÖMÖSVÁRY), Italien (PAROXA) und Sardinien (PAROXA) bekannt.

### Sminthurus igniceps REUTER. (Taf. II. Fig. 17—19.)

*Niger, opacus, subtiliter pilosus, capite, tubo ventrali, pedibus furcaque pallide flavis; capite lateribus pone oculos superne vel totis vittaque tenui utrinque inter apicem oculi et basin antennarum nigris, vitta lata media inter oculos parteque apicali capitis, antennis parteque inferiore segmenti minoris trunci flavedi-rugineis vel fulvis; puncto minuto fusces-centi inter basses antennarum; antennis breviusculis articulo ultimo haud annulato; mucro-nibus furculae acuminatis; tibiis pilis clavatis 3—4 instructis; unguiculo superiore unda. Long $^2/_3$ mm.*

1878, Sminthurus igniceps, REUTER. Meddel Soc. Faun. et Flor. Fenn. VI. p. 203.
1880, Id. Coll. in Cald. viv, p. 22.

Diese Art wurde erst von REUTER in Meddel. Soc. Faun. et Flor. Fenn. VI. p. 203, 1878 beschrieben und erschien später in einem kleineren Aufsatz: Collembola in Coldariis viventia in obengenannter Zeitschrift.

S. igniceps REUTER ist eine besonders schöne Art, die durch die Bildung der Antennen und der Extremitäten dem S. niger LUBBOCK recht nahe tritt. Sie ist an der charakteristischen Farbenzeichnung recht leicht wiederzuerkennen. — Der vordere Teil des Kopfes und die Antennen sind hell gelb, die ventrale Fläche des Körpers, die Furcula und die Extremitäten weiss und der Oberkörper sammetschwarz. Ausser in der Zeichnung unterscheidet sich die Art von S. niger LUBBOCK durch das Endglied der Furcula, dessen Ränder völlig glatt oder vielleicht mit fast unbemerkbaren Zähnchen versehen sind, während LUBBOCK's Form ganz deutliche Sägezähne besitzt.

Kommt auf Blumentöpfen vor. Ich habe sie massenweise in mehreren Treibhäusern zu Upsala gefunden.

Ausserhalb Schwedens nur aus Finnland und Deutschland, Berlin (REUTER) bekannt.

### Smlnthurus Lubbockii TULLBERG. (Taf. III. Fig. 1—4.)

*Niger. Articulus quartus antennarum tertio non longior. Unguiculus superior ra-ginatus. In tibiis nulli pili clavati. Mucrones breves. Long 1 mm.*

1872, Smlnthurus. Lubbockii, TULLBERG. Sveriges Podurider, p. 38.
Poppei, REUTER. Abhandl. Naturw. Ver. Bd. 9. Heft 2.

Diese Art ist zuerst von TULLBERG in Sveriges Podurider beschrieben worden. Die Beschreibung war nach einem einzigen in der Typensammlung des Museums zu Upsala vorhandenen Individuum ausgeführt. Obwohl dies verloren gegangen ist, bin ich jedoch in der Lage den von mir gefundenen Smithuriden TULLBERG's obenstehender Art mit voller Gewissheit gleichstellen zu können. Die Bestimmung stützt sich nämlich teilweise auf Vergleiche mit einem Exemplar das Prof. REUTER mir gütigst aus Finnland sandte und welches vorher von Prof. TULLBERG untersucht worden. Wie aus der Synonymik erhellt sehe ich die Art als identisch mit S. Poppei REUTER an. Das dem so ist, davon habe ich mich überzeugt durch Untersuchung von Typenexemplaren letztgenannter Art, die Prof. REUTER die Freundlichkeit hatte mir gleichfalls zuzuschicken.

Durch die Bildung des *Endsegmentes der Gabel* schliess sie sich dicht dem S. fuscus (LINNÉ) an. Dieses ist nämlich kurz, seitlich gesehen keilförmig und nur an einem Rande gezähnt. Die Dentalteile hingegen haben wesentliche Unterschiede aufzuweisen, die des S. fuscus (LINNÉ) sind nämlich mit zwei Paar pili clavati versehen während sie bei vorliegender Species ganz fehlen. Ausserdem lassen sich diese beiden Arten durch eine Menge anderer Merkmale von einander unterscheiden. So ist z. B. die Körperbekleidung bei S. Lubbockii dadurch ganz eigentümlich, dass sie aus kurzen, dicken, an der Spitze gezähnten Borsten bestehen. Die zwei äussersten Glieder *der Fühler* sind von gleicher Länge ungefähr, das dritte und die beiden inneren mit kurzen, feinen Haaren bekleidet. Bei S. fuscus (LINNÉ) ist das äusserste Glied ungefähr eben so lang als die beiden nächsten zusammen, die mit langen, scharfen Borsten besetzt sind. Die Bildung des *Tarsus* betreffend sei hier bemerkt, dass unguiculus superior einen Kiel auf der Oberseite hat und wie bei S. fuscus (LINNÉ) mit einer tunica pellucida versehen ist, die jedoch erst nach dem Kochen mit verdünntem Glycerin oder kaustischem Alkali hervortritt. Dann zieht sich die Hülle allmählich herauf und legt sich am oberen Rande des Krallenglieder in Falten.

Diese Form habe ich in der Gegend von Skokloster in Upland gefunden, wo sie unter denselben Verhältnissen wie S. fuscus (LINNÉ) lebte. Sieht man diese beiden Arten in der Natur beisammen, so sind sie leicht zu unterscheiden. Durch die fast schwarze, opake Körperfarbe und die oft rein weissen Tibialspitzen erinnert S. Lubockii (TULLBERG) mehr an Papirius ater LINNÉ als an S. fuscus LINNÉ, der sich durch seine graubraune, glänzende Körperfarbe auszeichnet.

Ausserhalb Schwedens in Finnland und Deutschland (REUTER) gefunden.

### Smithurus Malmgrenii TULLBERG.

*Pilosus, violaceus. Articulus ultimus antennarum haud annulatus. Mucrones furcula lati. Unguiculus superior nudus, unguiculo inferiore non longior. Tibiae pilis clavatis destituta. Long* $^1/_2$ *mm.*

1876, Smithurus Malmgrenii, TULLBERG, Collembola borealia, p. 30.

Von dieser Art giebt es eine zweifarbige Form, die in Schweden und Finnland allgemein ist und welche REUTER in seinen Etudes sur les Collemboles unter dem Namen

S. elegantulus beschrieben hat. Der typische, rein arktische S. Malmgrenii ist dagegen ganz rotviolett. — Da die Zeichnung des Tieres nicht von solcher Wichtigkeit ist, dass sie bei der Feststellung der Formen die eine als Hauptart, die andre als Varietät bestimmen dürfte, so habe ich den bei den descriptiven Zoologen gewöhnlichen Ausweg gewählt die zuerst beschriebene als Art aufzustellen.

Beim ausgewachsenen Tier ist das äusserste Glied der *Antennen* sehr schwach gewellt und ungefähr eben so lang wie die beiden vorgehenden zusammen. Was die Endkrallen der *Extremitäten* betrifft, so sind diese ganz eben so gebaut wie bei der folgenden Art und haben ein für bis jetzt bekannte skandinavische Smithuriden ganz fremdes Aussehen. Die Oberkralle der beiden vorderen Beinpaare ist im Verhältnis zur minimalen Grösse des Tieres unförmlich lang, und sehr schmal. Unguiculus inferior ist grade, lang zugespitzt und in einem Fadenanhang endigend. Die Tarsalglieder des hinteren Extremitätenpaares sind kleiner und in ihrer Bildung etwas verschieden. Die Oberkralle ist breiter, die Unterkralle ist am oberen Rande stark konvex und mit einem kurzen Fadenanhang versehen. Die Dentalsegmente der *Furcula* sind an der Basis etwas angeschwollen und haben abwärts auf der Innenseite einen kleinen Fortsatz von der Chitinhaut in Form eines Dorns. Diesen habe ich auf allen von mir untersuchten Exemplaren angetroffen, woraus ich auf ein konstantes Auftreten desselben schliesse. Das Endsegment hat ungefähr denselben Bau wie bei nächstfolgender Art, was bei oberflächlicher Prüfung leicht zu Verwechselungen führen kann. Eine genauere Beobachtung zeigt aber, dass Verschiedenheiten vorhanden sind, wenn auch nicht besonders grosse. Bei beiden sind die genannten Gabelteile oval, fast löffelförmig, von einer dickeren Mittelpartie gebildet, von deren Seiten sehr dünne, gerundete, in dichten Falten aufeinander gelegte Chitinblätter ausgehen. Diese Blätter sind bei S. aquaticus BOURLET viel grösser als bei vorliegender Form, wodurch man sich leicht durch einen Vergleich der Abbildungen überzeugen kann. Fügt man hinzu, dass die Spitze des Segments bei S. elegantulus REUTER einen Einschnitt zwischen dem äusseren Chitinblatt und der Mittellamelle hat, dass diese immer violettgefärbt, während diejenige bei S. aquaticus BOURLET farblos ist so sind hiermit alle Differenzen angegeben.

### Var. **elegantulus** REUTER. (Taf. II. Fig. 20, 21, 26.)

*Pulchre violascenti rosea, subtiliter pilosus puncto inter antennarum basis maculisque ocularibus nigris, ore nigricans; thorace segmentoque magno abdominali vittis lateralibus, una utrinque in margine postico hujus segmenti conjunctis nec non macula magna dorsi ordi postice sæpe cum fascia marginis conjuncta obscure purpureis; ventre, pedibus furculaque pallidis, dentibus furculæ basi tumidis, cetero æque latis, mucronibus ovalibus, antennarum articulo ultimo haud undulato. Long* $\frac{2}{5} - \frac{2}{3}$ *mm.*

1880. Smithurus elegantulus.    REUTER, Études sur les Collemboles, p. 20.
1881. REUTER, Meddel. af Soc. F. et Fl. Fenn. V. 1, p. 203.

Die Farbe des Tieres betreffend haben die meisten meiner Exemplare die in REUTER'S Diagnose angegebene Zeichnung. Variationen treten jedoch auf; bisweilen kann das ganze grosse Abdominalsegment dunkel violett fast schwarz erscheinen. Bei jüngeren Individuen fehlt oft auch der dorsale Mittelfleck.

Die Hauptform wurde während der Jenisejexpedition 1875 auf Novaje Semlja. TULLBERG giebt Sie auch von Spitzbergen und der Norsk-Inseln (beinahe 80° n. b.) an.

Eine grosse Anzahl Exemplare wurden auch bei der Vegaexpedition auf dem Bering-Insel eingesammelt.

Auf mehreren Stellen in Bohuslän, Upland und Jämtland habe ich die Varietät beobachtet. Zusammen mit folgender Art hält er sich auf der Oberfläche kleiner Wasserpfützen und anderer stehender Gewässer auf, wo sie lebhaft und mit ausserordentlicher Geschwindigkeit umherhüpft. Auch ist ja das Endsegment der Gabel für solche Sprünge, welche den Wasserspiegel als Ansatzpunkt haben, besonders geeignet.

Ist übrigens ausserhalb Schwedens nur in Finnland, Deutschland, Leipzig (REUTER) und Frankreich, Remiremont auf den Vogesen (REUTER) gefunden.

### Sminthurus aquaticus BOURLET. (Taf. II. Fig. 22–25.)

*Corpore flavescente, fronte nota nigra, dorso viridi. Long $^2/_3$—1 mm.*

1843. Sminthurus aquaticus, BOURLET, Mém. sur les Podurelles, p. 58.
1884. " apicalis, REUTER, Etudes sur les Collemboles, p. 20.

Bourlet's Beschreibung obiger Art lautet folgendermassen: «D'un blanc plus ou moins teinté de jaunâtre; abdomen ovoïde; une tache noire, triangulaire, sur le front; dos d'un vert-bleuâtre; dernier article des filets caudaux, court, ovalaire; tubercules sous-abdominaux très saillants. Sur les plantes aquatiques, principalement sur les carex et les Lemna. REUTER hat später in der Abhandlung Etudes sur les Collemboles diese Form unter den Namen S. apicalis beschrieben. Ich erlaube mir die Diagnose des letzt erwähnten Verfassers zum Vergleich wiederzugeben. Abdomine subtilius et breviter nonnihil rigide allopiloso, lateribus utrinque pilis tribus longis excertis; segmento minore usque ad apicem fere aeque latis, basi tumidiusculis, mucronibus sublanceolatis, sed late hyalinolimbatis unde forma late ovali, limbo radiatim striato, maculis ocularibus nigris, antennis articulo ultimo haud annulato, tibiis pilis 2—3 clavatis unguiculo superiore nudo, ochraceus vel fusco-ochraceus apice capitis et pedum nigris. Long $^1/_3$—1 mm.

Die Grundfarbe ist gelbgrün. Ausser den schwarzen Flecken auf apices capitis et pedum kommt regelmässig ein solcher auf der Vorderseite des Kopfes in der Medianlinie abwärts von den Heftpunkten der Antennen vor. Auch kann man bei dem lebenden Tier einen lanzettenförmigen hell grünen Flecken, welcher dorsal liegt und sich über dem Vorderteil des grossen Abdominalsegments erstreckt wahrnehmen. Bisweilen wird das ganze Tier mit einem hellblauen durchsichtigen Ton überzogen. Diese Form constituirt.

Var. (α) **viridulus** Reuter.

*Caruleo-flavus, antennis pedibusque violaceis.*

1890, Smithurus apicalis var. viridulus, Reuter, in litteris.

Endlich kann das ganze Tier violettgefärbt sein und man erhält denn.

Var. (β) **levanderi** Reuter.

*Totus violaceus.*

1890, Smithurus apicalis var. levanderi, Reuter, in litteris.

Die Hauptform habe ich oft bei Schöpfen auf stillstehenden Gewässern in Upland, Bohuslän und Jämtland erhalten. Ausserhalb Schwedens bekannt aus Finnland (Reuter), England (Lubbock), Frankreich (Bouglet) und Oestreich, in der Gegend von Wien (P. Löw). Die beiden finnischen Varietäten habe ich in Jämtland auf Areskutan gefunden.

Die oben erwähnten zwei Arten sind für den Specialisten dadurch von besonderem Intresse, dass sie von Reuter als Object bei einigen biologischen Untersuchungen angewendet wurden, die geeignet sind die Funktionen des sogenannten Ventraltubus und die Frage über die Copulation der Collembola näher zu beleuchten und zu erörtern, und haben diese vielleicht dazu beigetragen der Lösung dieser schweren Probleme etwas näher zu treten. Ich habe Gelegenheit gehabt die Phänomene zu beobachten, welche Reuter in seinem oben citierten Aufsatz auseinandersetzt. So habe ich von S. elegantulus Reuter mehrere minimale Männchen mit für sexuelle Zwecke verwandelten Antennen erhalten. Auch habe ich mehrere Individuen paarweise mit den Antennen zusammenhängen sehen, grade so wie Reuter beschrieben. Die Richtigkeit der Beobachtungen des Verfassers »sur la fonction du tube ventral» bin auch ich im Stande zu bekräftigen. Ich habe ausserdem mehrere Mal dieselben Wahrnehmungen bei Papirius silvaticus Tullberg gemacht. Die Hypothese, dass der Tropfen Flüssigkeit :une goutte d'eau sein sollte, scheint mir doch etwas eigentümlich, denn vorausgesetzt, dass die Haare so besonders hygroskopisch wären, wie der Verfasser meint, so würde ja das Tier nach den Gesetzen der Physik leicht nass werden können. Dies ist indessen weder mit diesen Sminthuriden noch mit Collembola überhaupt der Fall. Im Gegenteil sind sie ganz unzugänglich für Nässe auf der Körperfläche. In Bezug hierauf weise ich auf Labolbène's Experiment mit Anurida maritima hin. Ferner erscheint es höchst unwahrscheinlich, dass die Sminthuriden, die ihr Dasein auf der Wasserfläche zubringen, zur Befriedigung ihres Angeblich grossen Wasserbedarfs einen ziemlich complicierten Prozess wiederholen zu müssen brauchten, da ja das Wasser direct durch den Mund aufgenommen werden könnte oder durch den Ventraltubus, insofern dieser als Reservoir für die Flüssigkeit fungiert. Sollte man nicht eher annehmen können, dass der Tropfen ein Öl ist, welches das Tier vor dem nassen Element schützt? Ich denke mir, dass man durch Aufsammeln einer solchen Flüssigkeit und durch sorgfältige Analyse derselben leicht zur Klarheit darüber kommen könnte.

### Sminthurus cæcus Tullberg.

Albus, undique rufo-punctatus. Ocelli nulli. In tibiis nullæ pilæ clavatæ. Mucrones ?, dentium longitudine æquantes. Long ?/₃ mm.

Lebt in Blumentöpfen. Mehrmals in Upland (Tullberg, (Auctor) gefunden.

## Gen. II. PAPIRIUS, Lubbock.

### Pappirius ater (Linné).

Atro-rufus, antennis apice albis. Antennæ corporis longitudine. Unguiculus superior nudus. Long 1³/₄ mm.

1758, Podura atra, Linné. Syst. Nat. Ed. X. T. I, p. 608.
1872, Papirius ater, Tullberg. Sveriges Podurider, p. 34.

Ist in unserem Lande ziemlich spärlich in Upland und Smaland angetroffen (Tullberg). Ich habe diese Form vergebens in Jämtland gesucht, hingegen mehreren als in Upland gefunden. In Wärmland in dem Gegend von Filipstad habe ich ein Exemplar erhalten.

Ausserhalb Schwedens bekannt aus Finnland (Reuter), Dänemark (J. Ch. Fabricius), England (Lubbock), Deutschland (Burmeister, Uzel) und Oestreich. Tirol (v. Dalla Torre).

### Papirius fuscus (Lucas) Lubbock.

Atro-rufus. Ocelli in maculis pallidis positi. Undique pruinosus. Unguiculus superior nudus. Long 1¹/₃ mm.

1840, Smynthurus fuscus,    Lucas, Hist. Nat. anim. art.
       Papirius        1873, Lubbock Monogr. of the Coll. and Thys., p. 120.
1872,    "    cursor,  Tullberg, Sveriges Podurider, p. 34.

v. Dalla Torre äussert sich über diese Art folgendermassen: Lubbock beschreibt diese Art mit dem citate: Podura fusca, non nitens Geoffroy (Hist. abr. insect.) und Smynthurus fuscus Lucas (Hist. nat. anim. artic.) und Gervais (Hist. insect apter.) und zieht seine eigene Art, Papirius cursor Lubbock (Trans. Linn. soc. 1862, p. 436) als synonym dazu. Es liegt demnach kein Grund vor, die Art, wie Tullberg (l. c. p. 34) thut, unter letzterem Namen zu beschreiben; sie hat vielmehr P. fuscus (Luc.) Lubb. zu heissen.

Obwohl ich v. Dalla Torre's Vorschlag den alten Namen der Art wiedereinzusetzen, in jeder Hinsicht beitrete, so will ich gleichzeitig doch darauf hinweisen, das Lubbock erst in seinem Monograph of the Coll. and Thys. seine P. cursor mit der P. fuscus der älteren Auctoren identificiert und dass diese Arbeit nach »Sveriges Podurider« erschien. Tullberg weist auf Notes on the Thys. P. I, p. 436 hin, wo P. cursor von Lubbock als eine neue Art beschrieben wird. Die Frage scheint mir wohl angebracht, ob nicht obige und folgende Form zu einer Art zusammengefasst werden könnten. Das einzige unterscheidende Merkmal, das Tullberg angiebt, ist die Farbe und das Vorhandensein von hellen Interocularflecken bei P. fuscus. Mir ist es indessen nicht gelungen lebende Individuen der Art zu sehen, weshalb ich sie bis auf weiteres als selbständig in der Artenserie stehen lasse. Ist nach Tullberg, in der Nähe von Gebäuden in Södermanland und auf Gotland gefunden worden.

Die Jenisejexpedition 1876 erhielt mehrere Exemplare in Sibirien bei Fatijanovskaja auf den Blättern einer Populus-Art.

Übrigens bekannt aus Finnland (Reuter),? Dänemark (Müller), England (Lubbock), Irland (Templeton), Frankreich (Gervais), Deutschland, Böhmen (Uzel), Oestreich, Tirol (v. Dalla-Torre), Ungarn (Tömösváry), Italien (Parona), Sardinien (Parona) und Tunis (Parona).

### Papirius silvaticus Tullberg.

*Obscure cinereo-rufus, papillis pallidis inter maculas oculares nigras, undique pruinosus. Unguiculus superior nudus. Long $1\frac{1}{2}$ mm.*

1872. Papirius silvaticus Tullberg, Sveriges Podurider, p. 34.

Schon früher aus der Umgegend von Upsala und auf Gotland bekannt, wo sie ziemlich spärlich vorkommt (Tullberg). Ist eine der allgemeinsten collembolaformen Jämtlands. Von den untersten Stufen des Gebirges bis hinauf zur Baumgrenze trifft man sie allgemein unter herabfallenen Zweigen und andern auf der Erde befindlichen Gegenständen oft mit Sminthurus fuscus Linné zusammen.

Der Jenisejexpedition 1875 erhielt ein Exemplar in einer der Briochowskij-Inseln in Sibirien.

Wird auch verzeichnet von Finnland (Reuter) und Sardinien (Parona).

### Papirius chloropus Tullberg.

*Ater, pedibus, furca, articulis duobus intimis antennarum viridibus. Ocelli immaculis nigris positi. Unguiculus superior nudus. Segmentum ultimum abdominale nonnullis setis robustis et obtusiusculis instructum. Long $1\frac{1}{3}$ mm.*

1886. Papirius chloropus, Tullberg, Collembola borealia, p. 31.

Die hervorragendste Merkmale der Art sind die grünliche Farbe der appendiculären Organe und vor Allem das Vorhandensein der »setæ robustæ« auf dem abdominalen Endsegment. Diesen beiden Kennzeichen wollte ich noch eines zufügen, das meines Erachtens vorliegenden Papiriden von seinen Verwandten P. silvaticus Tullberg und fuscus Lucas isoliert. Dieses liegt nämlich in der Bildung der Krallenglieder. Unguiculus superior ist bei beiden letztgenannten Arten besonders lang und schmal und mit zwei scharf markierten Zähnen versehen, die Unterkralle schliesst in einem langen, schön gebogenen, keulenähnlichen Faden, Anhang ab. Bei P. chloropus Tullberg dagegen ist die Oberkralle sehr kurz und breit, auch sind ihre Zähne nicht so stark ausgebildet, der Fadenanhang auf der Unterkralle ist ausserdem stark reduciert.

Die Jenisejexpedition 1875 erhielt mehrere Exemplare in Sibirien in der Nähe von Troitzkoj.

### Papirius flavo-signatus Tullberg.

*Flavus; latera rubra et signaturis flavis ornata. Macula oculares nigra. Macula nigra supra anum nulla. Unguiculus superior ruginatus. Long $1\frac{1}{3}$ mm.*

1872, Papirius flavo-signatus, Tullberg, Sveriges Podurider, p. 35.

Ist nach Tullberg eine in Södermanland und Upland allgemein vorkommende Form. Ich habe sie in wenigen Exemplaren im nördlichen Upland bei Löfsta angetroffen, niemals in Jämtland oder Bohuslän.

Übrigens bekannt aus Finnland (Reuter), Deutschland, Böhmen (Uzel) und Sardinien (Parona).

### Papirius rufescens Reuter. (Taf. III. Fig. 5—7.)

*Pallidius et obscurius rufescenti-ferrugineus, capite et plerumque etiam dorso trunci fere toto vel ejus parte anteriore pallidioribus; capite guttulis et lineolis pallidis, vertice linea longitudinali obscuriore inter oculos in punctum obscurum excurrente; dorso segmenti primi trunci lineis duabus parallelis longitudinalibus mediam plerumque attingentibus vittam pallidam includentibus, parte posteriore obscure ferruginea guttulis minutis multis vittis lateribusque lineolis pallidioribus signatis; maculis ocellifieris nigris; unguiculis superioribus versus apicem leviter arcuatis, apice sat obtuso imo medio in apiculum brevissimum constricto. Long $1\frac{1}{3}$ mm.*

1890, Papirius rufescens, Reuter, Collembola in caldariis, p. 23.

Ist sowohl durch ihre Farbe als auch durch den Bau der Tarsalglieder gut charakterisiert. Die Unterkralle des vorderen *Extremitetenpaares* scheint von der Seite her gesehen konkaviert, ist sehr schmal und setzt sich in einen schön gebogenen Fadenanhang fort welches der Spitze der Oberkralle überreicht. »Unguiculus inferior« der hinteren Extremitetenpaare ist hingegen von der Seite konvex, dick und läuft in einem kleinen fast geraden Fadenanhang aus.

Auf Blumentöpfen in Finnland, Helsingfors gefunden (Reuter.)

### Papirius minutus (O. Fabricius).

*Flavus; latera rubra et signaturis flavis ornata. Macula oculares nigra. Macula supra anum nigra et subquadrata. Unguiculus superior ruginatus. Long $1\frac{1}{3}$ mm.*

1783. Podura minuta, O. FABRICIUS, Dansk. Vidensk. Selsk. Skr. D. II. p. 307.
1835. Smynthurus signata, TEMPLETON, Thys. Hib., p. 9.
1841.         —   ornatus, NICOLET, Rech. p. serv. à l'hist. des Pod., p. 83.
1841.         —   coulonii, Id                    Ibid.                 p. 84.
1872. Papirius minutus, TULLBERG, Sveriges Podurider, p. 35.

TULLBERG ist, meiner Meinung nach, in voller Recht, da er obige Art mit Smynthurus coulonii NICOLET identisch ansieht. Ich hatte das Vergnügen mehre Individuen von Herrn Prof. O. M. REUTER zu empfangen. Sie waren in der Gegend von Wien eingesammelt worden und zeigten alle eine ausnehmend schöne Zeichnung welche mit derjenigen die bei NICOLET'S Abbildung zu sehen ist. Ohne Rücksicht zu nehmen auf dem karakteristischen Analtlecken scheinen die nördlichen Individuen entweder jede dunkle Zeichnung ganz vermissen und werden dann hell gelbweiss, oder, wenn eine Zeichnung auftritt, giebt sie sich in einigen dunkelbraunen Strichen in den Seiten des grossen Abdominalsegments zu erkennen. In südlichen Gegenden kommt dagegen die von NICOLET mitgeteilte regelmässige Zeichnung zu voller Entwickelung. Auch NICOLET'S S. ornatus hat meines Erachtens seine rechte Platz in der Synonymenliste obiger Art und scheint mir nicht mit dem von LUBBOCK in Monogr. of the Coll and Thys. beschriebenen Papirius ornatus identisch.

In unserm Lande allgemein in Schonen, Upland, und auf Gotland, auch in Smaland gefunden (TULLBERG). Findet sich ebenso reichlich in Jämtland zusammen mit P. silvaticus TULLBERG unter Steinen und allerlei Gegenständen auf feuchten Stellen. Der höchste Punkt, wo die Art von mir gefunden wurde, ist der obere Teil der Birkenregion.

Übrigens gefunden in Norwegen, Glæsvær in der Gegend von Bergen (LØNNBERG, JÄGERSKJÖLD), Finnland (REUTER), England (LUBBOCK), Irland (TEMPLETON), der Schweiz (NICOLET), Deutschland, Böhmen (UZEL), Oestreich, Tirol (V. DALLA-TORRE), in der Gegend von Wien (REUTER), Italien (PARONA) und Sardinien (PARONA).

## Fam. II. ENTOMOBRYIDÆ.

### Gen. III. TOMOCERUS.

#### Tomocerus vulgaris TULLBERG.

*Antennæ corpore non longiores. Spinæ dentium simplices 12—16. Unguiculus superior dentibus 4—6 armatus, inferior muticus, lanceolatus. Long 4 mm.*

1839. Macrotoma nigra, BOURLET, Memoire sur les Podures, p. 390.
1872.       —   vulgaris, TULLBERG, Sveriges Podurider, p. 36.

Obgleich es höchst wahrscheinlich ist, dass es obenstehende Art ist, welcher BOURLET den Namen Macrotoma nigra beigelegt, so glaube ich ihn doch hier nicht anwenden zu dürfen, da der Auctor seine Beschreibung fast ausschliesslich auf den Farbencharakter gründete.

Allgemein in Upland, Wärmland, Östergötland, Westergötland, Småland, Schonen und auf Gotland (TULLBERG). Auf verschiedenen Stellen Jämtlands habe ich diese Art unter Steinen, unter der Rinde alter Baumstümpfe und auf Pilzen erhalten.

Wurde auf mehrere Stellen in Sibirien während der Jenisejexpedition 1875 erhalten. So bei Dudino, Selivaninskoj, Goroschiskoje, Troitskoj, Baklanowskaja, Alinskaja, Surgutskoj, Insarovo und Vorogova.

Übrigens nur bekannt aus Finnland (REUTER), Schottland, Shetland (REUTER, BROOK) Deutschland, Böhmen (UZEL) und Oestreich, Tirol (V. DALLA TORRE).

### Tomocerus minutus TULLBERG.

*Antenna corpore non longiores. Spinae dentium simplices, decem ed undecim. Unguiculus superior dentibus duobus ed tribus armatus, inferior late lanceolatus. Long. 1.5 mm.*

1876, Tomocerus minutus, TULLBERG, Collembola borealia. p. 32.

Wurde während der Jenisejexpedition 1875 in Norwegen bei Lavangsfjeldet der Hindö gerade gegenüber, auf Novaja Semlja bei Besimanaja bay und in Sibirien im Süden von Verschininskoj gefunden.

UZEL giebt die Art aus Deutschland, Böhmen an.

### Tomocerus lividus TULLBERG.

*Antenna corpore non longiores. Spinae dentium simplices, septem ed octo, intima parva. Unguiculus superior dentibus tribus instructus, inferior lanceolatus. Long 3 mm.*

1876, Tomocerus lividus, TULLBERG, Collembola borealia. p. 32.

Die Jenisejexpedition 1875 erhielt die Art in Sibirien bei Alinskaja und Nischnij Inbatskoj.

### Tomocerus flavescens TULLBERG.

*Antenna corpore non longiores. Spinae dentium simplices 7—8, intima magna. Unguiculus superior dentibus 2 instructus, inferior lanceolatus. Long 4 mm.*

1871, Macrotoma flavescens, TULLBERG, Sveriges Podurider, p. 36.

Sehr allgemein in unserem Lande. Findet sich in Upland, Wärmland, Östergötland, Schonen und auf Gotland, wird auch in Westergotland, Småland, Ångermanland und Jämtland angetroffen (TULLBERG).

Ausserhalb Schwedens bekannt aus Norwegen (SCHLEGEL), Finnland (REUTER), Frankreich, Remiremont in den Vogesen (REUTER) und Deutschland, Böhmen (UZEL).

## Tomocerus plumbeus (LINNÉ) TULLBERG.

*Antennae corpore multo longiores. Spinae dentium simplices 7—8, intima parva. Unguiculus superior pedum posteriorum duobus, anticorum tribus dentibus instructus, inferior acumine setiformi. Long 4 mm.*

| | | | |
|---|---|---|---|
| 1758 Podura | plumbea | LINNÉ Syst. Nat. Ed. X, 1, p. 609. | |
| Macrotoma | | 1872 TULLBERG, Sveriges Poduriden p. 37. | |
| 1776 | longicornis | MÜLLER Zool. Dan. Prod. p. 184 | |
| 1839 | ferruginea | BOURLET Mémoire sur les Podurelles p. 45 | |
| 1843 | spiricornis | Id. Mémoire sur les Podurelles p. 45. | |

UZEL stellt diese Art MÜLLER'S Podura longicornis und zwei von BOURLET'S Macrotoma-Formen nämlich M. ferruginosa und spiricornis gleich. Obgleich sich in den Beschreibungen genannter Verfasser nichts finden lässt, was einer solchen Annahme widerspräche, so lässt sich doch andererseits nichts mit Bestimmtheit über die Zusammengehörigkeit der Arten äussern, da jegliche Angabe über die Denticulation der Krallen und die Anzahl und Verteilung der spinae dentium fehlt. Die Form, welche LUBBOCK in Monogr. of the Coll. and Thys. als Macrotoma longicornis MÜLLER verzeichnet hat und die er früher M. plumbea benannte, weicht von TULLBERG'S M. plumbea in so fern ab, als alle Krallenglieder der Extremitätenpaare mit drei Zähnen bewaffnet sind und die Anzahl der spinae dentium sich auf 9 beläuft. Auch scheint, wie schon früher von mir bemerkt wurde, die Art, welcher LUBBOCK später den Namen LINNÉS plumbea beilegte mit obiger identisch nicht zu sein, da sie sich unter Anderen dadurch auszeichnet, dass »the large claw of the extremity of the tarsus has six minute teeth on the under side».

Allgemein in Upland, Södermanland, Schonen und auf Gotland; findet sich auch in Westergötland und Smaland (TULLBERG). Ich habe die Art mehrfach in Jämtland auf den unteren Gebirgsstufen in Steinhaufen und Reisig angetroffen.

Wurde ausserhalb Schwedens verzeichnet von Finnland (REUTER), England (BROOK), Deutschland, Böhmen (UZEL) und ? Ungarn (TÖMÖSVÁRY).

## Tomocerus arcticus n. sp. (Taf. III. Fig. 8, 9.)

*Antennae corpore non longiores. Spinae dentium simplices, septem vel interdum octo, intima parva. Unguiculus superior dentibus quatuor vel quinque instructus, inferior lanceolatus. Long circa 4 mm.*

Unterscheidet sich von früher beschriebenen Arten der Gattung Tomocerus durch die Denticulation der *Krallen*. Auf allen Oberkrallen der Extremitätenpaare befinden sich abwechselnd vier und fünf Zähne; die Zahl ist aber nicht an ein gewisses Beinpaar gebunden, sondern scheint ganz regellos aufzutreten. So habe ich bei einem Individuum vier Zähne auf dem einen Krallenglied des einen Beines des vorderen Extremitätenpaares wahrgenommen aber fünf Zähne auf dem anderen; doch scheinen 4 Zähne auf allen das normale zu sein. In der Anordnung der *spinae dentium* schliesst sich T. arcticus an T. plumbeus (LINNÉ), dadurch, dass man im innersten Winkel der Gabel eine grosse durchsichtige Schuppe und danach die 7 à 8 Dornen in einer Reihe geordnet findet. Nach der Gabel zu nehmen die Dornen an Grösse zu; der äusserste sitzt etwas näher an Dentes als die vorhergehenden. Bei einem Individuum fand ich ausser den gewöhnlichen sieben noch einen dazu, der unten am Dentalteil in einer bedeutenden Entfernung von der eigentlichen Zahnreihe sass. Seiner Schuppen beraubt ist die Farbe des Tieres hellgelb. Die Vegaexpedition erhielt diese Art massenweise bei Pitlekaij im Tschuktsch-Lande.

### Tomocerus tridentiferus Tullberg.

*Antenna corpore non longiores. Spinæ dentium trifidæ 10—11; unguiculus superior dentibus 5—6 armatus, inferior latus. Long 4 mm.*

1872 Macrotoma tridentifera, Tullberg, Sveriges Podurider p. 37.

In unserm Lande nur in Upland, Södermanland und Östergötland gefunden (Tullberg). Habe sie niemals angetroffen.

Bekannt aus Finnland (Reuter), England (Brook) und Deutschland, Böhmen (Uzel).

### Gen. IV. CYPHODERUS (Nicolet).

#### Cyphoderus albinus Nicolet.

*Undique albus. Ocelli nulli. Unguiculus superior uno dente magno armatus. Long 1 mm.*

1841 Cyphoderus albinus  Nicolet, Rech. p. serv. à l'Hist. des Podur. p. 67.
Cyphoderus     1872 Tullberg, Sveriges Podurider p. 38

Findet sich spärlich in Upland und auf Gotland (Tullberg). In Jämtland fand ich sie niemals, dagegen recht oft auf meinen Streifzügen in nördlichen Upland, dann immer unter Steinen zusammen mit Scolopendrella immaculata, Campodea staphylinus und einer roten Ameisen-Art.

Übrigens bekannt aus Finnland (Reuter), Dänemark (O. Fabricius), England (Lubbock), Frankreich (Gervais), der Schweiz (Nicolet), Deutschland, Böhmen (Uzel), Oestreich, Tirol (v. Dalla-Torre), Italien (Parona) und N. Amerika (Packard Jr).

### Gen. V. LEPIDOCYRTUS Bourlet.

Ich glaube bis auf weiteres nur drei der obigen Gattung gehörende Arten als gut verzeichnen zu dürfen. Die beiden von Reuter in seinem Aufsatz, Coll. in Cald. viv (pp. 24 u. 25) beschriebenen L. pallidus und L. assimilis fasse ich als Farbenvarietäten von L. cyaneus Tullberg auf, da sich meiner Ansicht nach keine konstanten, morphologischen Verschiedenheiten finden lassen, auf welche eine Artenbegrenzung gegründet werden könnte. Die Bildung des Endsegments der Furcula ist bei allen Formen der Gattung dieselbe, und die gegenseitigen Längenverhältnisse der Antennenglieder scheinen mir als Grundstützen einer Arteneinteilung allzu wechselnd.

## Lepidocyrtus lanuginosus (GMELIN).

*Pallide argenteo-canus, versicolor; squamis detritis flavus vel fulvus. Articulus tertius antennarum secundo brevior, quartus omnium longissimus. Long 1—2 mm.*

1788 Podura lanuginosa.     GMELIN, Linnæi Syst. Nat. T. I, 5, p. 2911.
Lepidocyrtus lanuginosus 1872 TULLBERG, Sveriges Podurider p. 38.

Äusserst allgemein in unserm Lande, findet sich in Jämtland, Wärmland, Upland, Södermanland, Östergötland, Smaland, Schonen und auf Gotland (TULLBERG). In Jämtland kommt eine Abart vor, welche sich durch den fast schwarzen Hinterkörper und dunkle Antennen auszeichnet. Seiner Schuppen beraubt ist das ganze Tier dunkel braungelb und dem Aussehen nach grösser und gröber als die Hauptform. Kommt allgemein auf Areskutan vor und zwar von den untersten Stufen bis zu einer Höhe von 1,400 M. ö. d. M.

Die Vegaexpedition erhielt mehrere Exemplare dieser Art bei Irkajpi im Tschuktschlande. Auch bekannt in Norwegen (SCHLEGEL), Finnland (REUTER), England (LUBBOCK), Schottland, Orkney (REUTER), der Schweiz (NICOLET), Deutschland, Bremen (REUTER), Böhmen (UZEL), Oestreich, Tirol (V. DALLA TORRE) und Italien (PARONA).

## Lepidocyrtus cyaneus TULLBERG.

*Obscure cæruleo-canus, versicolor; squamis detritis cyaneus, pedibus furcaque pallidioribus. Articulus tertius antennarum secundo brevior, quartus omnium longissimus. Long 1½ mm.*

1872 Lepidocyrtus cyaneus. TULLBERG Sveriges Podurider p. 39.

Nach TULLBERG nur spärlich in den Wäldern Uplands, Smalands und auf Gotland vorhanden. Ich habe die Art auf mehreren Stellen in Jämtland wahrgenommen, ist aber hier bei weitem nicht so allgemein wie vorige Art. Kommt im Moos und unter der Rinde alter Bäume vor. Wird auch oft in Steingeröll auf Bergen und in verfallenem Gemäuer oder ähnlichen Stellen angetroffen.

Wurde während der Jenisejexpedition 1875 in Sibirien bei Kap Jefremov Kamen, Kap Sapotschnaja Korga und Vorogova und während der Vegaexpedition in Tschuktschlande bei Pitlekaj angetroffen.

Findet sich auch in Norwegen (SCHLEGEL), Finnland (REUTER), England (LUBBOCK), Frankreich (GIRARDOV), Deutschland, Bremen (REUTER), Böhmen (UZEL) und Oestreich, Tirol (V. DALLA TORRE).

### var. a) assimilis REUTER. (Taf. III. Fig. 10.)

*Squamis detritis cyaneus, antennarum articulis duobus basalibus, secundi apice excepto, pedibus furcaque pallidis, cæsis cyaneis; antennarum articulo tertio secundo æque*

longo, sed paullo graciliore, quarto duobus ultimis simul sumtis nonnihil breviore. Long
1½ mm.

1890 Lepidocyrtus assimilis, REUTER, Collemb. in cald. viv. p. 25.

Weicht von der Hauptform in so fern ab, dass die Körperfarbe in breiten Querbändern verteilt ist. (Siehe übrigens die Gesamtfigur!) Finnland auf Blumentöpfen (REUTER).

### var. β) pallidus REUTER.

*Argenteus, squamis detritis sat absolute dilutissime cyanescens, dorso albidofasciatus; antennis dilutissime cyaneis vel fere albidis, furca albida; antennarum articulo secundo tertio paullulum longiore, quarto duobus praecedentibus simul fere æque longo; mucronibus furcula bidentatis, dente primo a basi longius distante. Long 1⅓ mm.*

1890 Lepidocyrtus pallidus, REUTER, Collemb. in cald. viv. p. 24.

Scheint mir von der vorhergehenden nur durch ihre blassere Körperfarbe verschieden. Lebt auch auf Blumentöpfen. Finnland (REUTER).

### Lepidocyrtus rivularis BOURLET.

*Thorace minus elato, corpore fulvo-luteo, squamis nullis vel paucis. Long 1½—2 mm.*

1843 Lepidocyrtus rivularis, BOURLET, Mém. sur les Podurelles p. 17
albicans, REUTER, in litteris.

Bei Schöpfen auf Wiesen und Morästen erhält man unter anderen Insekten stets eine gelbliche Lepidocyrtus-Art, die sich von vorigen Formen dadurch trennt, dass ihre Schuppen die irisierende Belegung, welche innerhalb vorliegender Gattung so bezeichnend ist ganz vermissen. Ich habe geglaubt diese in BOURLET'S L. rivularis wiederzufinden, wovon es heisst: Corps d'un jaune-ferrugineux, plus ou moins clair ou testacé en dessus, blanchâtre en dessous, ordinairement dépourvu d'écailles, ou tout au plus n'en ayant dans l'âge adulte que sur la tête et le thorax. Sur les plantes aquatique et l'herbe des prairies, l'été et l'automne. Ich halte es auch für wahrscheinlich dass diese Art mit L. albicans REUTER identisch sei. Die Exemplare derselben welche ich Gelegenheit hatte zu untersuchen schienen mir jedoch etwas heller, was von der Conservierung herrühren könnte.

Allgemein in unserm Lande in Upland, Jämtland und Bohuslän (AXELOR) sammt in Finnland (REUTER).

### Gen. VI. CALISTELLA REUTER. (Taf. IV. Fig. 1—4.)

*Mesonotum prominens. Segmentum abdominale quartum fere septies longius quam tertium. Antennæ dimidia corporis parte longiores, quadriarticulatæ. Ocelli 12; 6 in utroque latere capitis. Mucrones furcula tridentati. Corpus dense pilosum, pilis claviformibus stipatis vestitum. Squamæ colore niris vel argenti, fascias formantes.*

### Calistella superba Reuter.

*Flava, capite, ore excepto, mesonoto disco dimidio basali lateribusque fere totis, metanoto segmentisque abdominis secundo et tertio fascia basali lata et in lateribus dilatata, nec non segmento abdominis quarto nigris, hoc quarta parte basali marginequa apicali flavis, segmento quinto fascia transversali, faecula anali basi limis duabus longitudinalibus, femoribus posticis annulis duabus, altera media, altera subapicali, antennisque corpori fere longitudine aequalibus annulo subapicali articuli secundi annulisque basali et apicali articulorum tertii et quarti nigris, articulo quarto duobus penultimis longitudine sub-aequali, obscurius rufescenti-testaceo. Long 2.5 mm.*

1876 Degeeria? superba, Reuter, Cat. praec. pod. scan. p. 85.

Diese ausnehmend schöne Form steht in Reuter's Catalogus praecursorius Pod., obgleich ohne Gattungsnamen verzeichnet. Meines brachtens ist man berechtigt gewisse Bedenken in Bezug auf den richtigen Platz der Form im System zu hegen. In vielen Hinsichten gleicht sie vollständig einem Lepidocyrtus. Übereinstimmungen zeigen sich im segmentalen Bau im Allgemeinen besonders im Mesonotum prominens und im Bau des Endsegments der Gabel. Indessen weisen andre Merkmale wie die Grösse des Tieres, die Länge und Articulation der Antennen und die eigentümliche Körperbekleidung, der Form einen selbständigen Platz in der Familie Entomobryidae an.

Das Tier übertrifft an Grösse bei weitem alle bekannten Arten der Gattung Lepidocyrtus Bourlet. Die *Ocellen* sind an der Zahl 12, 6 in jeder Seite des Kopfes. Von diesen zeichnen sich die zwei obersten durch ihre ausserordentliche Grösse aus. Bei der Gattung Lepidocyrtus Bourlet findet man 8 Ocellen in jeder Gruppe, die eine ganz andere gegenseitige Lage haben. In Bezug auf der *Körperbekleidung* sei erwähnt, dass das ganze Tier von einem sehr dichtem Pels, von kurzen Haaren gebildet, bedeckt ist. In jedem Körperringe findet sich ausserdem ein Bündel langer keulenförmiger Haare. Bei Lepidocyrtus beschränken sich diese Keulenhaare auf einer Reihe im Vorderrande des zweiten Thoracalsegments. Brieflich bin ich von Herrn Prof. Reuter unterrichtet worden, dass die Schuppen des lebenden Tieres eine Schnee oder Silberfarbe haben und dass sie hie und da in wirklichen Querbändern gelagert sind. Die *Antennen* sind etwas länger als der halbe Körper, die Endglieder derselben sind fast eben so lang wie die übrigen Glieder zusammen. Das erste Glied ist ganz gelb, das zweite mit dunklen Flecken an den Spitzen, das dritte hat eine dunkle Zeichnung in der unmittelbaren Nähe der Glieder und auf dem Endglied befinden sich zwei dunkle, ziemlich grosse Flecke in kurzer Entfernung von einander. Der *Kopf* ist mit Ausnahme des gelblichen Buccalteils ganz dunkel. Das erste *Thoracalsegment* wird vom zweiten weit überstehenden, dessen oberes [3], dunkel die Basis dagegen hell ist, ganz bedeckt. Um das dritte Thoracalsegment herum breitet sich eine dunkle fascia aus, die an den Seiten die ganze Breite des Segments einnimmt aber nach der Dorsalfläche zu schmäler wird. Von den *Abdominalsegmenten* ist das erste fast ganz klargelb, das zweite und dritte mit nach oben zu schmäler werdenden Querstreifen versehen und das vierte, grosse, grösstenteils dunkel;

nur am oberen Rande liegt ein helles Feld. Das fünfte ist fast ganz dunkel und das sechste hell. Die Coxalglieder der Extremitäten sind dunkel, die übrigen Glieder aber wie auch die Furcula hell. Jugendformen sind ganz gelb.

Reuter fand diese Form in Finnland, wo sie massenhaft auf Salix rosmarinifolia lebte.

## Gen. VII. ENTOMOBRYA Rondani.

### Entomobrya nivalis (Linné).

*Flava, signaturis nigris distinctissimis, quæ numquam in medio segmenti quarti abdominalis fasciam transversam formant. Long $1\frac{1}{2}$ mm.*

1758 Podura nivalis     Linné. Syst. Nat. Ed. X, T. I. p. 609.
Degeeria              1872 Tullberg, Sveriges Podurider p. 39.

Allgemein in Jämtland, Ångermanland, Wärmland, Upland, Södermanland, Östergötland, Westergötland, Smaland und auf Gotland (Tullberg). Ich habe diese Art auf Vellistafjäll in Jämtland auf einer Höhe von 800 M. ö. d. M. angetroffen. War besonders zahlreich auf einem Holzstoss bei Tegefors. Lebt auch auf Schnee. Ist eine Form, die fast in der ganzen Collembola-Litteratur Erwähnung findet.

Bekannt in Finnland (Reuter), Dänemark (Müller, J. Ch. Fabricius), England (Brook), Schottland (Linn und O. M. Reuter), Irland (Templeton), Frankreich (Grorsky, Bourlet) (Reuter hat sie bei Remiremont auf den Vogesen angetroffen), der Schweiz (Nicolet), Deutschland, in der Gegend von Bremen (Popre, Reuter), Böhmen (Uzel), Oestreich, Tirol (v. Dalla Torre), Ungarn (Tömösváry), Nordamerika (Say, Packard Jr) und Kalifornien (Auctor).

### Entomobrya muscorum Nicolet.

*Flava, signaturis fusco-rubris, parum distinctis, quæ interdum in margine posteriore segmentorum, nonnumquam quoque in medio segmenti abdominalis quarti fascias confluentes transversas formant. Interdum fere nullæ signaturæ fuscæ. Long $1\frac{1}{2}$ mm.*

1841 Degeeria muscorum      Nicolet, Rech. p. serv. a l'Hist. des Podur. p. 75.
1872 Tullberg, Sveriges Podurider p. 40.

Nach Tullberg allgemein in Upland, Wärmland, Södermanland, Östergötland, Smaland, Schonen und auf Gotland. Habe sie auch in Bohuslän und Jämtland und zwar immer unter Steinen an feuchten Stellen angetroffen.

Ein Stück dieser Art wurde während der Jenisejexpedition 1875 in Sibirien bei Selivaninskoj gefunden.

Wird ausserdem von Finnland (Reuter), England (Brook), Schottland (Linn und O. M. Reuter), der Schweiz (Nicolet), Deutschland (in der Gegend von Bremen) (Popre, Reuter), Oestreich, Tirol (Dalla Torre), Ungarn (Tömösváry) und Italien (Parona) erwähnt.

### Entomobrya arborea TULLBERG.

*Flava, fascia angustissima subfusca in margine posteriore segmentorum, ante quam maculae inaequales non confluentes sepissime reperiuntur. In medio quarti segmenti abdominalis fascia undulata valde distincta. Interdum tamen fere nulla signatura fasciae. Long 1⅖ mm.*

1872 Degeeria arborea, TULLBERG, Sveriges Podurider p. 40.

Kommt in grosser Anzahl auf der Rinde der Pappeln und Äpfelbäume in Upland vor (TULLBERG). Ich habe sie in Östergötland und Jämtland unter der Rinde von Birken gefunden.

Bekannt aus Finnland (REUTER), England? (BROOK), Deutschland, Bremen (POPPE, REUTER), Böhmen (UZEL).

### Entomobrya multifasciata TULLBERG.

*Flava vel straminea, fascia nigra lata in margine posteriore segmentorum omnium. In medio segmenti abdominalis quarti fascia transversa undulata distinctissima. Long 1⅕ mm.*

1872 Degeeria multifasciata TULLBERG Sveriges Podurider p. 40.

Auf einem Mistbeet in Schonen und am Rande eines Morastes auf Gotland gefunden (TULLBERG). Ich habe einige Stücke dieser Art in Upsala und Umgebung getroffen, in einem Treibhause des hiesigen botanischen Gartens und auf einem Baum im Park Asen. Sie scheint weit seltener bei uns als vorhergehende Entomobrya-Formen zu sein. Erhielt auch ein Exemplar aus Östergötland vom Herrn Schullehrer G. SÖRBERG.

Wurde von Finnland (REUTER), England (BROOK), Deutschland, Bremen (POPPE, REUTER), Böhmen (UZEL), Nordamerika (PACKARD JR) und Kalifornien (AUCTOR) verzeichnet.

### Entomobrya spectabilis REUTER.

*Flava, pilosa capite lateribusque postice laeter in ferrugineum vergentibus, maculis capitis ocelliferis, marginibus meso- et metanoti, nec non segmentorum abdominis primi secundi, quarti et quinti, metanoto fere toto, limbo apicali segmenti abdominis secundi, fascia antica transversim regulariter rectangulari segmenti tertii lateribus abbreviata, fascia dentata pone medium segmenti quarti cum limbo laterali confluente et postice utrimque vittam curvatam emittente nigris; antennarum articulis ultimis duobus cyaneoscentibus. Long 1,5 mm.*

1890 Entomobrya spectabilis, REUTER, Collembola in cald. viv. p. 25.

REUTER hat obige Form als eine Art der Gattung Entomobrya RONDANI angesehen. Auch sprechen ja der segmentale Bau des Rumpfes und der Antennen ebenso die Mangel an Hautschuppen für diese Auffassung. Auf dem heutigen Standpunkt der descriptiven Collembologie, da man bei der Arteinteilung innerhalb dieser Gattung ausschliesslich auf den Farbencharacter angewiesen ist, scheint es mir indessen, als ob man berechtigt sein sollte die Zusammengehörigkeit obiger Form mit der Gattung Entomobrya in Zweifel zu ziehen. Sie weicht nämlich in vielen Hinsichten von hierhergehörenden Arten ab. So ist die *Hautbekleidung* des Körpers viel sparsamer und die tibialen Spürhaare haben ein ganz anderes Aussehen. Sie sind äusserlich fein, ein wenig gebogen und an der Spitze mit einer keulenförmigen Anschwellung versehen.

Bei einer typischen Entomobrya-Art hingegen sind diese Keulenhaare fast gerade und ziemlich dick, weswegen sie unter dem Mikroskope deutlich doppelkonturiert erscheinen. Eine eigentliche Anschwellung wird vermisst aber das Haar ist an der Spitze seitwärts ausgedehnt und quer abgeschnitten. Ferner ist das *Endsegment des Caudex* abweichend gebildet. Es ist grösser und hat den Bau, der die Gattung Lepidocyrtus Bourlet kennzeichnet, d. h. es ist dreizähnig und hat den inneren Zahn dornförmig und rückwärts gerichtet. Von den Dentes gehen beiderseits zwei sehr lange gefiederte Borsten aus, wie es sich bei der Gattung Sinella Brook verhält. Betreffend die Farbe des Tieres halte ich für überflüssig auf eine nähere Erklärung der Form und Ausdehnung der dunklen Bänder und Flecke einzugehen, ich weise also nur auf die Abbildung hin, füge aber hinzu dass die Grundfarbe Gelbweiss, die Flecke blauschwarz sind und dass die Denticulation der Querband des grossen Abdominalsegments bei den von mir untersuchten Individuen nicht ganz deutlich hervortritt.

Diese Form wurde von Herrn Prof. O. M. Reuter in Treibhäusern zu Helsingfors gefunden und von Herrn Dr. E. Bergroth wird mir brieflich mitgeteilt, dass er dieselbe auch in einer Collembolasammlung aus Brasilien, mit deren Bearbeitung er augenblicklich beschäftigt ist, angetroffen hat.

### Entomobrya albocincta Templeton.

*Fusco-nigra capite pedibusque pallidioribus, fasciis in parte posteriore mesonoti et in parte anteriore segmenti abdominalis tertii albidis. Segmenta apicalia albida. Long. 1,5 mm.*

1835 Podura albocincta Templeton Trans. Ent. Soc. Vol. I, p. 95.
Entomobrya 1883 (Templeton) Brook Lin. Soc. Journ. Vol. XVII, p. 279.
1873 Degeeria cincta Lubbock Monograph of the Coll. and Thys. p. 162.

Templeton's Beschreibung über diese Art lautet: Body oval, black, covered with long hoary hairs. Head subglobular, rather large, whitish, a little obscure anteriorly. Second thoracic ring with its apical half white; third abdominal ring with its basal half white. Antennae and legs pellucid und Burmeisters kurze Diagnose: fusco-nigra, capite pedibusque pallidioribus; fascia mesonoti postica albis. Diese beiden Charakteristiken weichen von derjenigen Brook's insofern ab, als die abdominale helle Fascia nach dem dritten Segment verlegt wird. Dass diese Verschiedenheit an und für sich wenig zu bedeuten hat, geht aus der Abbildung hervor, welche der Beschreibung beigefügt ist und auf welche Burmeister hinweist. Sie eignet sich gut für Brook's Beschreibung, denn hier sind: The three first abdominal segments black und beim vierten ist: The basal two thirds black and the upper third dark yellow.

Lubbock hat neben Templeton's Degeeria albocincta eine andere breit schwarzgegürtelte Art aufgenommen, welcher er den Namen cincta beilegt. Nach der Beschreibung und den in Monogr. of the Coll. and Thys. gegebenen Abbildungen scheint sie indessen mit erstgenannter identisch zu sein.

Ich habe die Art in Bohuslän in der Gegend von Grebbestad gefunden, wo sie ziemlich allgemein unter den Flechten auf den Klippen vorkommt.

Kommt auch in England (Lubbock, Brook), Irland (Templeton), Schottland (Reuter) und Deutschland, Böhmen (Uzel) vor.

### Entomobrya corticalis Nicolet.

*Flava; anteriore parte capitis, marginibus segmenti secundi tertiique thoracis, segmentis tertio, quinto, sexto abdominis totis, fascia transversa in medio quarti, lateribus primi secundique nigris. Long 1—1$^2$, mm.*

1841 Degeeria corticalis    Nicolet Rech. p. serv. a l'Hist. des Podur. p. 72.
1872 Tullberg Sveriges Podurider p. 40.

Wird in Upland, Östergötland und auf Gotland angetroffen meistens in alten Baumstümpfen, doch auch unter vermodertem Laub (Tullberg). Ich habe sie in Jämtland in der Gegend von Åre Station in einem Steinhaufen und am Ullau unter der Rinde von Erlen angetroffen.

Bekannt aus Finnland (Reuter), der Schweiz (Nicolet), Deutschland, Bremen (Poppe, Reuter), Böhmen (Uzel), Oestreich, Tirol (v. Dalla Torre) und Italien (Parona).

### Entomobrya marginata Tullberg.

*Fuscus vel cinereo-rufa, margine posteriore segmentorum nigro, nulla fascia transversa in medio segmenti abdominalis quarti. Long 1$^1$, mm.*

1872 Degeeria marginata, Tullberg, Sveriges Podurider p. 41.

Findet sich in Nadelwäldern auf Gotland und in Upland (Tullberg). Habe sie von Bohuslän und Östergötland. Wurde ausserhalb Schwedens aus Finnland (Reuter), Deutschland, Bremen (Poppe, Reuter), Böhmen (Uzel) und Kalifornien (Aucror) erwähnt.

### Entomobrya maritima Reuter.

*Griseo-violacea, fasciis in segmentibus trunci nullis. Antenna, articulis tertio et quarto obscure violaceis. Long 1.5 mm.*

1890 Entomobrya maritima, Reuter, in litteris

Die Farbe des *Rumpfes* dieser Art ist grau, ein wenig in violett fallend. Gleicht also am meisten E. marginata Tullberg, von welcher sie durch den Mangel an Querbändern wohl verschieden ist. Das *Kopf* ist hellgelb. Die Basalglieder der *Antennen* sind von dunkelblauen Ringen umgeben; das zweite Glied ist gelb mit violetten Rändern und die beiden nachfolgenden Gliedern sind ganz blau-violett. Die *Extremitäten* und der Gabel sind ungefärbt. Diese Art scheint auch mit Rücksicht auf ihrer Lebensweise von den übrigen wohl getrennt. Sie lebt unter Steinen an den Meeresküsten.

In Finnland och Åland gefunden (REUTER).

### Entomobrya lanuginosa NICOLET.

*Livida, fasciis in segmentibus trunci nullis. Long. 1,5–2 mm.*

1842 Degeeria lanuginosa NICOLET Rech. p. serv. à l'Hist. d. Pod. p. 74 (Pl. 8 f. 8).

Diese Art, gut charakterisiert durch ihre hellgrüne Grundfarbe und das Nichtvorhandensein truncaler Querbänder wurde von REUTER in feuchten Stellen in Finnland bei Kyrkslätt und in der Gegend von Åbo sammt in Schweden auf Dalarö gefunden.

Auch verzeichnet von England (LUBBOCK, BROOK), der Schweiz (NICOLET), Deutschland, Böhmen (UZEL), Ungarn (TOMOSVARY) und Sardinien (PARONA).

## Gen. VIII. SIRA LUBBOCK.

### Sira Buskii LUBBOCK.

*Obscure caeruleo-atra, versicolor; squamis detritis cyanea, parte posteriore capitis badia, pedibus stramineis. Long. 1½ mm.*

1870 Seira Buskii   LUBBOCK Notes on the Thys. P. IV. p. 280.
     Sira           1872 TULLBERG Sveriges Podurider p. 44.

In Upsala in einem Garten angetroffen, in Östergötland, Smaland und auf Gotland (TULLBERG). Hingegen weder in Jämtland noch in Bohuslän.

Wurde in Sibirien auf den Nikandrowschen Inseln, bei Nieulina und Turukansk während der Jenisejexpedition 1876 gefunden.

Ist ausserdem verzeichnet aus Norwegen Trondhjem (SCHLEGEL), Finnland (REUTER), England (LUBBOCK), Deutschland, Bremen (REUTER), Böhmen (UZEL), Oestreich, Tirol (V. DALLA TORRE), Ungarn (TOMOSVARY) und Italien, Ligurien (PARONA).

### Sira elongata (NICOLET).

*Plumbea; squamis detritis pallida, maculis nigris in abdomine. Long. 1½ mm.*

1841 Degeeria elongata   NICOLET Rech. p. serv. à l'Hist. des Podur. p. 73.
     Sira                1872 TULLBERG Sveriges Podurider p. 44.

Ist nach TULLBERG ziemlich allgemein in Upland und Södermanland, wo sie innerhalb und ausserhalb der Wohnhäuser vorkommt. Ich habe ein Exemplar von Jämtland, das ich in der unteren Kieferregion auf Areskutan erhielt. — In Tschuktlande bei Irkajpi während der Vegaexpedition angetroffen.

Bekannt aus Finnland (Reuter), England (Lubbock), der Schweiz (Nicolet), Deutschland (Böhmen) (Uzel), Ostreich, Tirol (v. Dalla Torre) und Italien (Parona).

## Gen. IX. SINELLA Brook. (Taf. IV. Fig. 5—8.)

*Mesonotum non prominens. Segmentum abdominale quartum tripla longius quam tertium. Antennæ dimidiam corporis partem longitudine fere æquantes, quadriarticulatæ, articulo ultimo proximo fere duplo longiore. Ocelli 1—12 in maculis nigris positi. Unguiculus superior denticulis quattuor, quorum intimum alia magnitudine superat, armatus, unguiculus inferior inermis, lanceolatus. Pili clavati in tibiis nulli. Mucrones furculæ denticulis duobus atque setis spiniformibus duabus lateralibus instructi. — Squama nulla.*

Die Gattung wurde von George Brook im Jahre 1882 aufgestellt. Da ich mich veranlasst sah weiter unten noch eine hierher gehörende Art mitzunehmen, so können einige der von Brook angegebenen Merkmale nur auf die von ihm beschriebene Art Anwendung finden. Die Gattung erhält daher eine weitere Diagnose. Folgende Merkmale sind von Bedeutung. Die *Antennæ* sind viergliedrig; ihr articulus ultimus ist fast doppelt so lang wie das vorhergehende Glied, das wiederum kürzer ist als das zweite. Hierdurch nähert sich die Gattung Lepidocyrtus Bourlet, von welcher sie sich aber sogleich durch mesonotum non prominens trennt. *Unguiculus superior* ist mit 3 denticuli bewaffnet deren innerster besonders gross ist. Die Lage der kleineren Mucronalzähne ist oft schwer zu entscheiden, da sie nach Brook's Angabe sometimes are very indistinct and only appear as an uneveness in the margin. Unmittelbar bei dem grossen Zahn sitzt doch immer ein völlig ausgebildeter, der, wie sich bei scharfer Stellung des Microskopes sehen lässt, an der Seite der Kralle eingefügt zu sein scheint. An einem Präparat glaubte ich zu entdecken, dass auch auf der andern Seite ein dem entsprechender Dorn sitzt, wonach sich also auf der Innenseite drei neben einander stehende, von dem unteren Rande des Krallengliedes ausgehende Zähne und ein einzeln stehender, näher an der Spitze der Kralle befinden sollten. *Keulenhaare* in den Tibien werden vermisst. *Die Gabel* scheint Mucrones aus drei isolierten Spitzen bestehend zu haben; die mittlere derselben ist die unmittelbare Fortsetzung der dentes und trägt 3 Zähne. Die Seitenspitzen die vom untersten Teil der Dentes ausgehen und dieselbe Länge wie das eigentliche Mucronalsegment haben, bestehen aus ein Paar steifen, gewimperten Borsten und sind eigentlich nichts anders als eine Fortsetzung der borstenähnlichen Haarbekleidung, welche die Furcula der ganzen Länge nach bedeckt; die Endhaare sind nur stärker entwickelt und dadurch borstenähnlich geworden. Die *Haarbekleidung* des Rumpfes ist besonders auffallend, sie besteht aus aufrechtstehenden, kräftigen dicht gewimperten Keulenhaaren, die auf dem Thoracalsegment und dem abdominalen Endsegment dicht gepackt stehen.

### Sinella curviseta Brook.

*Albida vel fulva, signaturis haud perspicuis ferrugineis. Ocelli 4, quorum 2 in utraque latere capitis, in maculis quatuor nigris positi. Long 2 mm.*

1882. Sinella curviseta. Brook. Lin. Soc. Journ. Zool. Vol. XVI. p. 544.

Von dem Colorit des Tieres sagt Brook: Young and immature specimens are of a uniform pale yellow colour, paler on the spring and legs. Bei älteren Formen kommt eine gelbbraune Fleckenzeichnung dazu und ausgewachsene Individuen sind of a uniform fulvous brown colour, excepting the central portion of the posterior part of the mesothorax and the metathorax and the upper central portion of the first abdominal segment. The third segment of the antennae is often fulvous. Ähnelt bei flüchtiger Betrachtung Templetonia nitida (Templeton), an welcher sie aber durch die Articulation der Antennen, die gegenseitigen Grössenverhältnisse der Rumpfsegments und mehrere andre Merkmale abweicht.

Bekannt aus Finnland (Reuter) und England (Brook).

### Sinella myrmecophila Reuter.

*Fusco-viridis, signaturis albidis. Ocelli 12, quorum 6 in utraque latere capitis, in maculis duobus nigris positi. Long 3 mm.*

1884. Entomobrya myrmecophila, Reuter. Soc. pro Faun. et Flor. fenn., p. 179.

Bei der Februarzusammenkunft 1884 in Soc. pro Faun. et Flor. Fenn. zu Helsingfors teilte Prof. O. M. Reuter einen Beitrag zur Kenntnis von Finnlands Collembola mit. Unter den neuen Formen befand sich auch obige, die Reuter als zur Gattung Entomobrya gehörend bezeichnete. Jedoch haben meine Untersuchungen derselben zu einem anderen Resultat geführt. Ich fand, dass das Tier alle für die Gattung Sinella wichtigeren Merkmale besass, ausser denen, welche die Anzahl und Verteilung der Ocellen betreffen. Jederseits liegen sechs *Ocellen* und zwar auf einem ziemlich kleinen, ovalen, schwarzen Fleck. Der Körper ist hell bläulich mit eingestreuten gelbweissen Linien und Punkten. Die *Antennen* sind dunkelblau und die *Extremitäten* teils blau teils ganz farblos. Die *Furcula* ist der ganzen Länge nach farblos.

Nur bekannt aus Finland (Reuter).

## Gen. X. ORCHESELLA Templeton.

### Orchesella cincta (Linné) Labrock.

*Flavo- et fusco-variegata, fascia flava in segmento abdominis secundo, nigra in quarto; vel nigra, maculis albis, fasciam in secundo segmento abdominis formantibus, undique nitida. Articulus primus et tertius, cum basi articuli secundi antennarum fusci vel nigri; apex articuli secundi flavus vel albus. Long 4 mm.*

1872. Orchesella cincta, Tullberg. Sveriges Podurider. p. 42.

Allgemein in mittleren Upland, Östergötland, Smaland, Schonen und auf Gotland (TULLBERG). Ich habe sie ausserdem im nördlichen Upland, in Bohuslän und Jämtland wahrgenommen. In letzterer Landschaft ist die dunkle Variation vorherrschend. Man findet sie häufig in alten Laubhaufen, verwittertem Gestein etc.

Während der Expedition nach Grönland im Jahre 1871 wurde ein einziges Individuum auf New Foundland bei St. Johns angetroffen (TULLBERG). Übrigens bekannt aus Norwegen (STRÖM), Finnland (REUTER, SAHLBERG), Dänemark (J. CH. FABRICIUS), England (LUBBOCK), Irland (TEMPLETON), Frankreich (GEOFFROY, BOURLET), der Schweiz (NICOLET), Deutschland (BURMEISTER, UZEL), Oestreich Tirol bei einer Höhe von 1,000 Met. ü. d. M. (DALLA TORRE); die dunkle Form wurde von REUTER in der Gegend von Wien gefunden; Ungarn (TÖMÖSVÁRY), Italien, Ligurien (PARONA) und Nordamerika (PACKARD jr).

### Orchesella rufescens TULLBERG.

*Fulva, signaturis rubro-violaceis vel fusco-rubris, quæ sæpe in segmento quarto abdominis confluunt neque unquam in ceteris segmentis fascias transversas formant. Caput interdum subfuscum. Articulus primus, tertius et quartus cum basi articuli secundi antennarum sæpissime fusco-rubri. Long 4 mm.*

1862. Orchesella rufescens, LUBBOCK, Notes on the Thys. P. II. p. 582.
1872. TULLBERG, Sveriges Podurider, p. 43.

Kommt allgemein in Nadelwäldern und Gehölzen in Angermanland, Wärmland, im nördlichen Upland, Södermanland, Östergötland, Westergötland und Smaland vor (TULLBERG). In Jämtland habe ich die beiden Formen dieser Art getroffen. Ich fand sie bei Tegefors auf einem Holzstoss, an dem Ufern des Anssees unter Steinen in einem Gebüsch und auf mehreren Stellen innerhalb der Kieferregion auf Areskutan, Renfjället und Snasahögarne unter Holzstücken, herabgefallenen Zweigen u. s. w. Ich habe ein Exemplar aus der Weidenregion. Wurde von Herrn Prof. CHR. AURIVILLIUS auch in Jämtland gefunden.

Ist ausser Schweden bekannt aus Norwegen, Trondhjem (SCHLEGEL), Finnland (REUTER), England (LUBBOCK), Deutschland (in der Gegend von Bremen von Herr Dr. POPPE gefunden; Der Herr prof. REUTER hat die helle Form bei Berlin getroffen). Ungern (TÖMÖSVÁRY) und Kalifornien (AUCTOR).

### Orchesella spectabilis TULLBERG.

*Straminea, signaturis nigris, quæ sæpe in segmento tertio thoracis et in segmento secundo quartoque abdominis fascias transversas formant. Caput sæpe subfuscum. Articulus secundus, tertius et quartus antennarum sempe straminei. Long 3 mm.*

1872. Orchesella spectabilis, TULLBERG Sveriges Podurider. p. 43.

UZEL stellt TULLBERGS O. spectabilis und REUTER'S melanocephala gleich. Wenn auch die Artbegrenzung in dieser Gattung, wo man nur auf die Farbenzeichnung angewiesen ist bisweilen der Willkür überlassen werden muss und man daher Gefahr läuft allmählich eine Menge Arten in der Litteratur zu sehen, deren Bestimmung nur von einer unbedeutender Variation in der Zeichnung des Tieres herrührt, so glaube ich dennoch nicht Uzel's Ansicht beitreten zu dürfen, welcher alle drei Formen zu einer zusammenfasst. Ich habe nämlich in Upland ganze Kolonien von Orchesella spectabilis Tullberg gefunden, wo alle Individuen ausnahmslos mit breiten Querstreifen über dem zweiten Thoracal- und zweiten Abdominalsegment versehen waren, was man niemals bei O. rufescens Lubbock und ihren Abarten finden wird. Von Orchesella melanocephala Nicolet habe ich ein Exemplar aus Finnland gesehen, das mit Nicolet's Gesamtfigur vollständig übereinstimmte. Über die Selbständigkeit derselben lässt sich aber, nur auf dieses einzige Exemplar gestützt, kein Urteil abgeben.

Findet sich in Upland, Södermanland, Östergötland, Smaland, Schonen, auf Gotland und in Jämtland (Tullberg). Ausser Schweden nur in Finnland mit Sicherheit bekannt (Reuter).

### Orchesella bifasciata Nicolet.

*Lucida, fasciis transversis in segmento secundo testisque abdominis nigris.*

1841. Orchesella bifasciata. Nicolet, Rech. p. serv. à l'Hist. des Podur., p. 80.
1872. Tullberg, Sveriges Podurider, p. 44.

Ist im mittleren Schweden eine der allgemeinsten collembolaformen. Findet sich in Ångermanland, Upland, Värmland, Östergötland, Westergötland, Smaland, Schonen und auf Gotland (Tullberg). Merkwürdigerweise fand ich sie niemals in Jämtland. Lebt unter Moos auf Bergen.

Bekannt in Finnland (Reuter), Dänemark (O. Fabricius), der Schweiz (Nicolet), Deutschland (in der Gegend von Bremen) (Poppe, Reuter) und in Böhmen (Uzel), Italien (Parona).

### Gen. XI. TEMPLETONIA Lubbock.

#### Templetonia nitida Templeton.

*Albo-argentata; squamis detritis pallida, cujo-punctata. Unguiculus superior una dente armatus. Long 1—2 mm.*

1835. Podura nitida. Templeton, Thys. Hib., p. 94.
Templetonia 1862. Lubbock, Notes on the Thys. P. II, p. 596.
1872. Tullberg, Sveriges Podurider, p. 44.

Upland, Schonen und auf Gotland (Tullberg). Ich habe einige Exemplare aus Jämtland. Diese Form lebt in der Erde in Blumenbeeten, unter feuchten Steinen und Holzstöcken.

Ist verzeichnet aus Finnland (Reuter), Dänemark (Müller), England (Lubbock), Frankreich (Bourlet), Deutschland, Böhmen (Uzel), Oestreich, Tirol (v. Dalla Torre) und Italien (Parona).

### Gen. XII. CORYNOTHRIX Tullberg.

**Corynothrix borealis** Tullberg. (Taf. IV. Fig. 9—11.)

*Mesonotum non prominens. Segmentum quartum abdominale tertia vix longius. Antennæ capite duplo longiores, quadriarticulatæ. Mucrones furculæ perparvi, denticulis duobus armati. Dorsum pilis clavatis dense instructum. Squamæ nullæ. Cæruleo-canescens vel postice fusco-viridis. Long 1,5 mm.*

1876. Corynothrix borealis, Tullberg, Collembola borealia. p. 33.

Diese sehr interessante Gattung wurde von Tullberg in seinem Aufsatze: Collembola borealia aufgestellt. Sie bildet ein deutliches Verbindungsglied zwischen dem Entomobrya-Typus einerseits und dem Isotoma-Typus andererseits. Dem ersteren schliesst sie sich durch die Körperbekleidung und die Bildung der Gabel, dem letzteren durch den segmentalen Bau des Rumpfes an.

Der Jenisejexpedition 1875 erhielt diese Form auf Novaja Semlja bei Besimanaja bay und Kostin scharr sammt auf der Halbinsel Jalmal.

Zwei Exemplare wurden auch auf Hvitön von der Vegaexpedition angetroffen.

### Gen. XIII. ISOTOMA Bourlet.

Da die Diagnosen älterer Auctoren fast ausschliesslich auf den Farbencharakter gestützt und oft auch so allgemein gehalten sind, dass sie auf mehrere, freilich äusserlich einander gleichende, aber doch morphologisch wohl getrennte Arten zur Anwendung gebracht werden können so ist es nicht zu verwundern, dass spätere Verfasser bei ihren Versuchen die Formen ihrer Vorgänger zu bestimmen nicht immer zu völlig übereinstimmenden Resultaten gekommen sind. Ich habe obiger Gattung besondere Aufmerksamkeit gewidmet und gefunden, dass hier vielleicht mehr als in irgend einer anderen grosse Verwirrung herrscht, weshalb ich ein Ordnen und Fixieren hierhergehörender, wechselnder Formen für notwendig hielt. Dass gerade in der Gattung Isotoma eine Verwirrung infolge oben angegebener Ursachen entstehen konnte, findet seinen Grund namentlich in der grossen Variation der Farbenzeichnung, sowie auch in dem Umstande dass diese Variation bisweilen bei zwei Arten in ganz derselben Richtung gehen kann.

Wenn man die Gattung Isotoma in den beiden fast gleichzeitig erschienenen, gegenwärtig hervorragendsten Arbeiten in der Collembologischen Litteratur nämlich Lubbock's Monograph of the Collembola und Thysanura und Tullberg's Sveriges Podurider studiert, so findet man bei beiden Verfassern wesentliche Verschiedenheiten in der Auffassung der Formen älterer Auctoren. Besonders gilt dieses von zwei unserer gewöhnlichsten Arten. Die Formen, welche Tullberg unter dem Artnamen Isotoma palustris (Gmelin) mit zwei Abarten viridis Bourlet und fusca Nicolet zusammenführt, hat Lubbock auf nicht weniger als acht besondere Arten verteilt. Meiner Ansicht nach hat man einerseits zwei gleichlaufende Formserien mit einander vermischt und andrerseits den Charakter, der im Colorit des Individuums liegt, überschätzt, wodurch man verleitet wurde einige Formen, die nur als Abarten Bedeutung besitzen können, als selbständige Arten aufzuführen.

Zur Bildung einer klaren Übersicht erlaube ich mir hier die Aufstellung der beiden Verfasser hinsichtlich der betreffenden Formen neben einander zu stellen.

TULLBERG.

*Isotoma palustris* (GMELIN).

Podura aquatica cinerea DE GEER.
 palustris MÜLLER.
 palustris (GMELIN).
 aquatica grisea DE VILLERS.
Isotoma bifasciata BOURLET.
 trifasciata Id.
Desoria riparia NICOLET.
Isotoma riparia Id.
 trifasciata LUBBOCK.
 palustris var. riparia TULLBERG.

*Var. α viridis* BOURLET.

Isotoma viridis BOURLET.
 caerulea Id.
Desoria cylindrica NICOLET.
 viatica Id.
 pallida Id.
 ebriosa Id.
 annulata Id.
Isotoma anglicana LUBBOCK.
 palustris var. unicolor TULLBERG.
  var. annulata (ad part.) Id.

*Var. β fusca* (NICOLET).

Desoria fusca NICOLET.
Isotoma palustris var. annulata (ad part.) TULLBERG.

LUBBOCK.

*Isotoma palustris.*

Podura aquatica cinerea DE GEER.
 palustris MÜLLER.
 Stagnorum TEMPLETON.
 grisea BURMEISTER.
 palustris BOURLET.
Aetherocerus aquaticus Id.

*Isotoma aquatilis.*

Isotoma aquatilis MÜLLER.
 trifasciata BOURLET.
 bifasciata Id.
Desoria riparia NICOLET.
Isotoma lineata LUBBOCK.

*Isotoma viridis.*

Podura viridis MÜLLER.
Isotoma viridis BOURLET.
 caerulea Id.
Desoria virescens NICOLET.
 pallida Id.
Heterotoma chlorata GERVAIS.
Isotoma Desmarestii Id.

*Isotoma arborea.*

Podura arborea nigra DE GEER.
 arborea LINNÉ.
 fuliginosa TEMPLETON.
Isotoma arborea BOURLET.
 rubricauda Id.
Desoria cylindrica NICOLET.
 pallida Id.
 ebriosa Id.
Podura arborea LINNÉ.

*Isotoma viatica.*

Podura viatica LINNÉ.
La Padure noire terrestre GEOFFROY.
Desoria viatica NICOLET.
Podura      LUCAS.

*Isotoma anglicana.*

Isotoma anglicana LUBBOCK.

*Isotoma annulata.*

Desoria annulata NICOLET.

*Isotoma fusca.*

Desoria fusca NICOLET.

A. **Dentes Furculæ Acuminati.**

**Isotoma viridis** BOURLET.

(Taf. V. Fig. 1—5 u. Taf. VI. Fig. 1, 2.)

*Corpus, satis plumiformibus, quæ præcipue in segmentis ultimis abdominis magnitudine constant, restitum. Antennæ capite fere duplo longiores, articulis tribus ultimis inter se longitudine æqualibus. Ocelli 16, quorum 8 in utroque latere capitis. Segmentum tertium abdominale longius quam quartum. Unguiculus superior dente uno exteriore, denticulisque duobus interioribus armatus; unguiculus inferior unidenticulatus. Denticuli mucronum tres, alius juxta alium insertus. Long 4—5,5 mm.*

Obenstehende Art, die unser grösster Repräsentant der Gattung Isotoma ist, lässt sich leicht von der nachfolgenden durch die *Körperbekleidung*, so wie durch die Bildung des *Tarsus* und das Endsegment der *Furcula* unterscheiden. Sie zeichnet sich durch grosse individuelle Variation in der Zeichnung aus. Man kann ausser der Hauptform wenigstens drei gut begrenzte Varianten wahrnehmen.

**Forma principalis.** (Taf. V. Fig. 1.)

*Fusco-viridis vel fusco-rubra vel persæpe nigra, lineis longitudinalibus in dorso nullis, signaturis luteo-albis minimis præcipue in segmentis thoracalibus secundo tertioque atque in segmento abdominis quarto. Long 4—5 mm.*

| | | |
|---|---|---|
| 1778, Podura viridis, | GMELIN, LINNÆI, Syst. Nat. Ed. XIII. p. 2910. | |
| Isotoma | 1839, BOURLET, Mem. sur les Podures, p. 401. | |
| Podura | 1843, ID. Mem. sur les Podurelles, p. 24. | |
| Isotoma | 1844, GERVAIS, Hist. Nat. des Ins. Apt. III. p. 433. | |
| 1841, Desoria cylindrica, | NICOLET, Rech. p. serv. a l'Hist. des Pod. p. 60. | |
| viatica, | ID. Rech. p. serv. a l'Hist. des Pod., p. 61. | |

| 1841. | Desoria pallida, | NICOLET, Rech. p. serv. à l'Hist. des Pod., p. 61. |
|---|---|---|
| | ebriosa, | Id. |
| | annulata, | Id. |
| ? | fusca, | Id. 62. |
| 1844. | Heterotoma chlorata, | GERVAIS, Hist. Nat. des Ins. Aptères III. p. 424. |
| 1862. | Isotoma lineata, | LUBBOCK, Notes on the Thys. part. II. p. 597. |
| 1871. | palustris, | TULLBERG, Förr. af. Sv. Podur., p. 151 (ad partem). |
| | | 1872. Id. Sveriges Podurider. p. 46 (ad partem). |
| | | 1876. Id. Collembola borealia, p. 35. |
| 1873. | anglicana, | LUBBOCK, Monograph of the Coll. and Thys., p. 171. |
| | tricolor, | PACKARD, jr. Fifth an. Rep. of The Trust. of the Peab. Acad. of science. p. 34. |

Die Grundfarbe sehr wechselnd. Man hat eine ganze Serie, wo die Extreme einen dunkel grünlichen und schmutzig gelben Farbenton haben, die zu einer Reihe von Mittelformen in dunkel violett schwarz und gelbrot übergehen. Die Körpersegmente sind mit kleinen weisslichen, runden Flecken und kurzen Stricken gezeichnet. Jene kommen am zahlreichsten auf den Seiten des zweiten Thoracalsegments, diese auf den Seiten des vierten Abdominalsegments vor. Mit blossem Auge kann die Zeichnung nicht wahrgenommen werden.

Der älteste Namen den ich anwenden zu können glaube ist Isotoma viridis BOURLET. BOURLET citiert LINNÉ als den ursprünglichen Auctor der Art. Es wäre doch richtiger gewesen sich auf GMELIN zu beziehen, denn die Form findet sich in der XII Edition von LINNÉ'S Systema Natura nicht verzeichnet, sondern gehört zu denen, die nach LINNÉ'S Tod von anderer Hand in seine Arbeiten einregistriert worden. Das einzige, was man aus GMELIN'S Beschreibung über Podura viridis zu erfahren bekommt, ist, dass sie subcylindrica flavoviridis, oculis nigris ist, woraus sich natürlich keine Stütze für eine Identificierung ergiebt. Deswegen habe ich vorgezogen BOURLET als Auctor aufzustellen. Die Beschreibung dieses Verfassers scheint mir mehrere Glieder der vorliegenden Formenserie zu umfassen. Es heisst: On trouve plusieurs variétés de cette espece 1) une grise 2) une fauve 3) une rougeâtre avec un grand nombre de petites taches jaunâtres principalement sur les deux segments thoraciques et les derniers segments abdominaux. Diese Zeichnung ist völlig alleinstehend und karakteristisch für die behandelte Form.

LUBBOCK führt als der Wissenschaft vorher unbekannt die Hauptform der vorliegenden Serie unter den Namen anglicana in die Litteratur ein. Mit welcher von TULLBERG'S Formen Isotoma viridis desselben Verfassers identisch sein kann, ist unmöglich zu entscheiden, da keine Auskunft über die Bildung der appendiculären Teile gegeben wird.

Dass NICOLET'S in der Synonymliste verzeichneten Arten auf ihren rechten Platz gekommen sind, ist meines Erachtens über jeden Zweifel erhoben. Genannter Verfasser teilt seine Gattung Desoria in drei Abteilungen, die sich durch die Artikulation der Antennen und die Grösse der Furcula von einander trennen. Die Antennen der Arten, welche zur ersten gehören haben premier et troisième articles plus courts que les autres und die Gabelsegmente un peu arqués et sensiblement plus courts que dans la seconde division, während die Formen der zweiten Abteilung so beschrieben sind: Articles des antennes égaux entre eux und filets terminaux de la queu longs et setacés. Zu diesen letzteren werden Desoria, cylindrica, viatica, pallida, ebriosa und annulata geführt. Sowohl aus den Beschreibungen als aus den beigefügten Abbildungen, geht deutlich hervor, dass der Verfassser vorzugsweise das Merkmal betonen wollte, das in der Artikulation der Antennen liegt. Um so eigentümlicher erscheint es mir, dass LUBBOCK in seiner Synonymliste unter Isotoma arborea solche Formen wie NICOLET'S vorerwähnte und BOURLET'S Podura arborea mit les antennes grosses, à troisième article court, fusiforme, dernier article cylindrique, au moins une fois plus long que le précédent zu ein und derselben zurückzuführen können glaubte. Ausserdem giebt DE GEER, der zuerst Podura arborea beschrieben, das Tier in ganzer Figur, woraus deutlich hervorgeht, dass die Grösse und der Bau der Furcula ein ganz anderer als bei Desoria cylindrica NICOLET sind. Die karakteristische Biegung der Dentalteile die bei unseren Arten sich nur bei Isotoma cinerea NICOLET und S. minuta TULLBERG findet, wie auch die geringe Länge des ganzen Gabelsegments, weisen die Form auf eine ganz andere Abteilung hin. — Sowohl LUBBOCK'S Beschreibung über Isotoma lineata, worin unter anderem gesagt wird: Body covered with short hairs and with one or two longer ones towards the posterior extremity als auch die beigefügte Abbildung beweisen ihre Zusammengehörigkeit mit der fraglichen Serie deutlich. Auch scheint PACKARD aller Wahrscheinlichkeit nach die hiergehörende Hauptform unter dem Namen Isotoma tricolor beschrieben zu haben, die er als our largest and commonest species darstellt; sie ist doch dark peagreen und hat the body rather thickly hairy, with a few hairs much longer than the others on the terminal two-thirds of the abdomen.

### Var. α) riparia NICOLET. (Taf. V. Fig. 2. 3.)

*Fusco-flava, linea mediali in dorso atrocoerulea. Lateri segmentorum maculis perspicuis fuscis ornata. Long. 4—5 mm.*

1841. Desoria riparia. NICOLET, Rech. p. , a l'Hist. des Podur. p. 61.
1872. Isotoma palustris. TULLBERG, Sveriges Poduridæ. p. 45 (ad Partem).

Schliesst sich besonders nahe der Hauptform an. Dieselbe Abschattierung wie bei dieser. Der einzige Unterschied ist, dass die Farbe bei den Abarten in ein dunkleres, mediangehendes Dorsalband und eine dunkle Zeichnung auf den Seiten des Segments verteilt wird. Die grünlichen und bräunlichen Formen zeigen eine täuschende äussere Ähnlichkeit mit der Abart von Isotoma palustris MÜLLER die ich als Isotoma aquatilis MÜLLER bezeichnet habe. Bisweilen wird die laterale Zeichnung fast unmerkbar und die Form erhält dann bei oberflächlicher Prüfung eine unverkennbare Ähnlichkeit mit der Hauptform der nächsten Serie und kann oft nur mit Hülfe des Mikroskops von dieser unterschieden werden.

### Var. β) arctica n. v. (Taf. V. Fig. 1.)

*Caeruleo-flavescens maculis nigris in dorso dispersis. Long 5.5 mm.*

Das Tier hat eine gelbliche Grundfarbe, die bisweilen in einen violetten Ton übergeht. Die Dorsalfläche ist mit schwarzen regelmässigen Flecken belegt. Diese fliessen niemals in der Mittellinie des Körpers zusammen und veranlassen deswegen die Entstehung einer hellen Medianstreifen.

Var. γ) **cincta** Tullberg. (Taf. V. Fig. 5.)

*Flava vel albida, fasciis transversis nigris latis in segmentis omnibus. Long. 4 mm.*

1876. Isotoma palustris var. cincta, Tullberg, Collembola borealia. p. 35.

Tullberg hat diese besonders schöne Varietät in collembola borealia folgendermassen charakterisiert: Sie hat eine gelbgrüne Grundfarbe und schwarze, querstehende rechtwinklige Flecke, welche die Rückenseiten der Körpersegmente bald mehr bald weniger bedecken. Meistens sind diese Flecke so gross, dass sie nur ein schmales, helleres Band am Rande der Segmente frei lassen, wodurch das Tier von hellen und dunklen Bändern querüber gegürtelt erscheint.

Repräsentanten dieser Serie mit ihren wechselnden Formen kommen nach Tullberg in Upland, Värmland, Bohuslän, Schonen und auf Gotland vor. In Jämtland geht die Art bis zu einer Höhe von 1100 M. ö. d. M. hinauf. Die Hauptform ist unter Brettern und Steinen auf feuchten Stellen, die Varietät riparia Nicolet unter Steinen an Meeresküsten zu suchen. Übrigens sind hierher gehörende Formen durchaus nicht bei besonderen Localitäten gebunden, treten aber oft mit einander vermischt auf.

Während der Jenisejexpedition 1875 wurden Formen der Serie in Sibirien bei Kap Jefremow Kamen, Kap Sapotschtaja korga, Kap Gostinoj, Briochowski, Sapotschnoj, Dudino, Goroschiskoj, Baklanowskaja, Surgutskoj, Jartsova und Jeniseisk, auf Novaja Semlja bei Matotshin scharr, Besimannaja bay, Möller bay, N. Gusinoi cap und S. Gusinoi cap sammt bei cap Grebeni auf der Waigatschinsel eingesammelt. Die Sibirischen Exemplaren gehören alle Forma principalis an, auf Novaja Selmja hingegen wurde die Art von var. cincta Tullberg, repräsentiert. Ausser die quergestreiften Formen giebt es auch die dunkle einfarbige, die ich als Forma principalis aufstellte und einige hellgelbe, fast rein weisse mit bläulichen Antennen. Diese letztere sind vermuthlich Jugendformen.

Die Jenisejexpedition 1876 erhielt bei Kalinsky (bei Ob.) 15 Exemplare der varietät riparia Nicolet und einige Individuen der Hauptform bei Tolsto nasovskoj. Auf letzt erwähnten Locale ist Formen dieser Serie auch von Herrn Prof. John Sahlberg zu Helsingforss angetroffen.

Während der Vegaexpedition wurden Forma principalis im Tschuktsch Lande bei Pitlekaj, Irkajpi an den Ufern der Konjaw-Bay im Senjavisunde var. riparia Nicolet bei Pitlekaj und zwei Individuen der var. arctica n. v. bei Port Clarence auf der Amerikanische Seite der Beringsstunde gefunden. Tullberg giebt obiger Art auch von Spitzbergen und Beeren Island an.

Übrigens bekannt aus Norwegen (Schlegel), Finnland (Reuter), England (Lubbock), Schottland, Orkney (Reuter), Frankreich (Bourlet), der Schweiz (Nicolet), Deutschland, Böhmen (Uzel), Oestreich, Tirol (v. Dalla Torre), N. Amerika, Texas (Packard) sammt Kalifornien (Auctor).

### Isotoma palustris Müller.
(Taf. V. Fig. 6—10 u. Taf. VI. Fig. 3—5.)

*Pilosa. Antennæ capite duplo longiores, articulis tribus ultimis inter se longitudine æqualibus. Ocelli 16, quorum 8 in utroque latere capitis. Segmentum abdominale tertium, quartum longitudine fere æquans. Denticuli mucronum quattuor quorum tres ita collocati, ut alius post alium est insertus, ultimus minimus; denticulus quartus in latere exteriore segmenti insertus. Unguiculi denticulos carent. Long. 2—4,5 mm.*

Die Art steht mit Rücksicht auf ihr Äusseres der vorhergehenden besonders nahe, da sie ungefähr in derselben Weise variirt und in der Natur unter denselben Verhältnissen wie diese auftritt. Wesentliche Unterschiede finden sich indessen zwischen den Formen. Während der Mucronalteil der *Furcula* bei Isotoma viridis Bourlet drei, nebeneinander stehende, ungefähr gleich grosse Zähne hat, besitzt Isotoma palustris Müller vier solche Zähne, von denen drei an einander gereiht stehen, während der vierte auf der Aussenseite des Gabelsegments eingefügt sitzt. Von den drei erstgenannten ist der äusserste im Vergleich mit den übrigen besonders klein. Auch im Bau der *Tarsalglieder* der Extremitäten herrschen wichtige Unterschiede. Bei Isotoma viridis Bourlet ist die obere Kralle mit zwei deutlichen, inneren Zähnen bewaffnet, während solche bei der vorliegenden Art ganz fehlen. Schliesslich liegt ein gutes Unterschiedsmerkmal in der *Bekleidung* des Körpers. Bei Isotoma viridis Bourlet kann man ausser einer Grundschicht von kürzeren Haaren, lange, hervortretende, fein gefiederte hier und da besonders zahlreich auf dem hinteren Abdominalsegment eingestreute Borsten wahrnehmen; Isotoma palustris Müller ist dagegen ganz kurzhaarig.

Ausser der Hauptform kann man drei in Bezug auf die Zeichnung völlig constante Abarten in der Natur unterscheiden.

#### Forma principalis. (Taf. V. Fig. 8.)

*Flavescens, linea dorsali media nigra. In lateribus segmentorum abdominis apicalium macula fusca disposita, quæ interdum fascia umbrosa longitudinales formant. Long. 2,5—3 mm.*

De Geer. Grå insecter etc. K. Sv. Vet. Akads Handl. v. 1, p. 28, 1740. Idem. Podura æquatica cinerea Act. Soc. Scient. Ups. T. 1, p. 48, 1744. Idem Podura aquatique grise. Mem. p. serv. à l'Hist. des Ins. VII, p. 28.

| | | |
|---|---|---|
| 1776, | Podura palustris, | Müller, Zool. Dan. Prodr., p. 184. |
| 1788—93. | | Gmelin, Linnæi, Syst. Nat. Ed. XIII. T. 1. P. 6, p. 2910. |
| 1843. | | Bourlet, Mem. sur les Podurelles, p. 29. |
| | Isotoma | 1873. Lubbock. Monogr. of the coll. and Thys., p. 169. |
| 1876. | Staxbergii. | Tullberg, Collembola borealia, p. 35 (ad part.). |
| 1889. | Tullbergi. | Moniez, Notes sur les Thysanoures, p. 5. |

Grundfarbe schmutzgelb. Ein oft schwach markiertes, medianes Dorsalband von blauschwarzer Farbe, an den Seiten desselben matte Abschattirungen von unbestimmter Form.

Karakteristisch sind auch zwei dunkle, punktförmige Flecke auf den Seiten des letzten Abdominalsegments. Oft treten Formen obiger Art auf, welche mit drei longitudinalen dunklen Dorsalbändern versehen sind. (Siehe fig. 9, Tafel V). Anfangs war ich geneigt in diesen Repräsentanten einer Varietät zu sehen. Seit dem habe ich indessen deutliche Übergänge zur Hauptform erhalten und habe dessen meinen ersten Gedanken aufgegeben.

Kommt auf der Oberfläche von stillstehenden Gewässern vor.

De Geer fürt von seiner Podure aquatice grise an, dass er sie mit Podure aquatique noire auf stillstehenden Gewässern gefunden. Überall wo ich letztere erhielt, habe ich auch Formen der vorliegenden Serie getroffen die völlig mit De Geer's Beschreibung und Abbildung übereinstimmen, aber niemals solche zur Viridis serie gehörenden. Gmelin's[1] Diagnose über Podura palustris in der XIII Edition von Linnæi Systema Natura scheint nur eine Wiederholung der von Müller in Zool. Dan. Prodr. gegebenen zu sein und lautet folgendermassen: Podura palustris lutescens oculis lineaque dorsi media nigris. Nichts scheint also zu verhindern diese mit Tullberg auf Formen vorhergehender Serie anzuwenden. Geht man indessen auf ältere Auctoren zurück um ihre Auffassung zu erfahren, so glaube ich doch, dass man mehr Grund hat, Müller's Form mit der von mir gemeinten zusammenfallen zu lassen. Ich erlaube mir Bourlet's Beschreibung über Podura palustris Linn. als besonders erläuternd, im Ganzen zu referieren: *Corpore cylindrico, viridi-flavescente dorso, linea fusca, capite nota fusca 2 mm*. Cylindrique, jaunâtre, teintée de verdâtre, légèrement pubescent; une ligne brune dorsale, commençant au bord antérieur du mésothorax et finissant à l'extremité de l'abdomen; une tache de la même couleur sur la tête, faisant avec la base des yeux un triangle equilatéral; les trois premiers articles des antennes bruns superieurement. Cette espece se trouve principalement sur les conferves et les Lemna et ne se montre que lorsqu'on remue ces plantes; on la voit alors sauter sur l'eau pendant quelques instants, puis reprendre sa premiere station. Lubbock trennt auch Isotoma palustris als selbständige Art von den übrigen Isotomaformen und versieht sie mit mehreren Synonymen, die meiner Ansicht nach in der vorigen Serie fallen. Dass Tullberg's Isotoma Stuxbergii mit der Form, die ich für Isotoma palustris Müller halte, gleichbedeutend ist, davon habe ich mich durch Untersuchung von Exemplaren der erstgenannten, die sich in der Collembolasammlung des Reichsmuseums befindet, überzeugt. Die in Revue biol. du Nord. de Fr. von R. Moniez beschriebene Isotoma Tullbergi gehört auch vorliegender Serie und weicht hinsichtlich der Zeichnung sehr unbedeutend von der Hauptform ab. Durch die Güte des Herrn Prof. R. Moniez wurde mir die Gelegenheit dargeboten das einzige Exemplar, welches seiner Beschreibung zum Grunde liegt, zu sehen. Eine vergleichende Untersuchung desselben mit unser Isotoma palustris zeigte vollkommene Übereinstimmung mit Rücksicht auf den appendiculären Organen.

---

[1] Dalla Torre bemerkt über die obige Form, dass Gmelin die Abhandlung De Geers's "än och observationer etc." citiert. Eben diesen Aufsatz citirt O. F. Müller, Zool. Dan. Prodr. 1776, p. 184, so dass die Identität der von Müller und Gmelin unter dem Namen P. palustris geniss sicher gestellt ist. In folge dessen meint der Verfasser dass man Müller und nicht Gmelin als auctor angesehen soll, was ich auch gethan habe.

### var. *a*) **aquatilis** Müller. (Taf. V. Fig. 7.)

*Flavescens, linea medialis in dorso nigra. Latera segmentorum omnium signaturis perspicuis viridibus vel rubris ornata. Macula ancystris in capite fusca. Long 2.5–3 mm.*

| | | | |
|---|---|---|---|
| 1776 Podura aquatilis | | Müller, Zool. Dan. Prodr. | |
| | Isotoma | 1873 Lubbock, Monogr. of the Coll. and Thys. p. 170 | |
| 1835 Podura Stagnorum | | Templeton, Trans. of the Ent. Soc. of Lond. vol. I. p. 96. | |
| 1838 | grisea | Burmeister, Handb. der Ent. Bd 2. p. 448. | |
| 1839 Isotoma bifasciata | | Bourlet, Mem. sur les Podures p. 401. | |
| | trifasciata | Id. Ibid. p. 402. | |

Grundfärbe gelblich. Der Kopf zeigt zwei blauschwarze Bänder um die Basen der *Antennen* herum und einen kleineren Fleck zwischen denselben. In der Nackengegend gleichfalls einen Fleck von der Form eines Ankers. Die drei äussersten Antennenglieder schwach violett, die beiden inneren gelb. Die ganze Länge des *Rückens* entlang ein blauschwarzes Band, das unter dem Mikroskop bei den Segmentgliedern unterbrochen erscheint, und mehr oder weniger regelmässige Erweiterungen auf der Mitte jedes Segments zeigt. Die Seiten der *Rumpfsegmente* sind regelmässig mit braun oder grün gezeichnet. Stets findet man zwei Parallelformen mit einander vermischt, von denen die eine sich unter der Lupe als überwiegend braun, die andre als grün erweist.

Kommt in Treibhäusern auf Blumentöpfen und stillstehenden Gewässern vor.

Was man aus Müller's Diagnose erfährt beschränkt sich auf folgendes: Cylindrica flavicans oculis lateribusque nigris. Obwohl es nicht gerechtfertigt erscheinen mag von diesen schwebenden Angaben eine Schlussfolgerung in Betreff der Identification zu ziehen, habe ich doch kein Bedenken getragen vorliegende Form mit Müllers obige Art gleichzustellen. Dies weil sie mit der von Lubbock als Isotoma aquatilis Müller aufgenommenen und gut abgezeichneten Form wohl übereinstimmt. Ich habe ebenso auf den Gründen die Lubbock in seiner Beschreibung angibt Bourlet's I. trifasciata und I. bifasciata in der Synonymliste aufgeführt. Über der Zusammenhörigkeit dieser Form mit Isotoma palustris Müller äussert sich Lubbock folgendermassen: I am even inclined to doubt whether this species is really distinct from the preceding (I. palustris). Wie oben scheint habe ich auch diese Abart mit Templeton's obenstehender Art identificiert, teils wegen der Beschreibung, doch vorzugsweise wegen der Abbildung welche dieser beigefügt ist. Die Beschreibung hat folgenden Wortlaut: »Body elongate, obovate, pale. Head ovate, eyes black. Antennae not much longer than the head. Thoracic and abdominal rings equal in length, pale with a greenish transverse fascia occupying the posterior half of each ring, interrupted in the middle, an elongat triangle, with its base and the apex of each ring, occupying that part». Vom Vorkommen des Insekts sagt der Verfasser: »Extremely common in the surface of little pools of stagnant water». Burmeister hält seine Podura grisea für identisch mit D. Geer's Podure aquatique und mit Templeton's Podura stagnorum. Seine Diagnose ist zu kurz und zu allgemein gehalten, als dass man aus derselben Schlussfolgerungen ziehen könnte, aber er fügt eine Angabe über das Auftreten der Form in der Natur hinzu, die sehr aufklärend ist. Sie lautet: Sehr gemein auf stehenden Gewässern auch in Gärten und Treibhäusern auf feucht gehaltenen Blumentöpfen. Repräsentanten der vorigen Serie werden dagegen niemals, soweit mir bekannt ist, auf Blumentöpfen angetroffen.

### var. δ) prasina Reuter.

*Tota dilute prasina, immaculata. Long 3,5—4,5 mm.*

1891 Isotoma Staxbergii Tullberg var. prasina Reuter, Öfvers. af Finsk. Vet. Soc. Förh. Bd XXXIII, p. 229.

Unterscheidet sich von vorhergehenden, hierhergehörigen Formen unter Anderen durch die Grösse. Während die Maximallänge der vorigen 3 mm. beträgt, misst diese 3,5—4,5 mm. Die Grundfarbe ist hellgrün bisweilen ins schmutzig gelbrote hinüberspielend. Beim lebendigen Individuen kann man ein longitudinelles Dorsalband von dunkel-grüner Farbe wahrnehmen. Oft ist es aber undeutlich und bisweilen von einem ovalen lanzettähnlichen Fleck ersetzt, der sich nur über die Thoracalsegmente erstreckt oder auch ganz fehlt.

### var. ε) balteata Reuter. (Taf. V, Fig. 10.)

*Laete flava, capite maculis ocularibus oblongis etiam postice prolongatis, guttis tribus nigris pone illas positis, vertice macula media transversali et margine postico utrinque anguste nigris, fronte linea longitudinali media nigricante; segmentis corporis omnibus fascia latissima et nigerrima maximam partem segmenti occupante notatis, duobus ultimis fere totis nigris. Long 1½ mm.*

1876 Isotoma balteata Reuter Catalogus Praec. Pod. Fenn. p. 86.

Wie aus der Abbildung zum Vorschein kommt ist obenstehender Varietät eine offenbar Paralellen-Form zu Isotoma cincta Tullberg hervorgehender Serie.

### var. ζ) fucicola Reuter. (Taf. V, Fig. 6.)

*Violaceo-rubescens, antennis pedibusque coerulis. Long 2,5—3 mm.*

1891 Isotoma fucicola, Reuter, in litteris.

Diese Form habe ich in grosser Anzahl vom Prof. Reuter erhalten. Anfangs glaubte ich sie wegen der Bildung des *mucronalen Segments* als neue Art aufstellen zu müssen. Eine genaue Untersuchung und Vergleichung überzeugten mich aber, dass die Form ihren Platz in vorliegender Serie hat. Der zweite grosse mucronale Zahn ist langgezogen und überragt die anderen bedeutend an Grösse. Hierdurch erhält das Segment der Gabel bei flüchtiger Betrachtung ein abweichendes Aussehen. Der Kopf und Rumpf sind dunkel rotviolett, die *Antennen* und *Extremitäten* himmelblau.

---

Obige Art mit ihren Varietäten hat wahrscheinlich das Grösste Ausdehnungsgebiet aller Collembola. Habe sie in Schweden in Jämtland, Upland und Bohuslän gefunden. Forma principalis weist sich sehr allgemein in kleineren Gewässern, wo sie sammt mit Padura aquatica Linné und verschiedenen Sminthuriden vorkommt; auch unter feuchten

Brettern und anderen Gegenständen mit Isotoma viridis BOURLET, Entomobrya muscorum TULLBERG und einigen Lipuriden. Die Varietät aquatilis MÜLLER lebt auf Blumentöpfen und auf stillstehenden Gewässern, var. prasina REUTER in Morästen unter Scirpi und Carices, auch unter Steinen an den Seeufern. Habe die letztere mehrfach in einem Busen der Fyrisa in der Gegend von Upsala erhalten. Auch die Varietät balteata REUTER kommt an den Seeufern unter mancherlei Gegenständen vor. Bisher nur in Finnland gefunden. Die Abart fucicola REUTER scheint in Finnland in grossen Mengen aufzutreten; bei uns habe ich sie nicht angetroffen.

Die Jenisejexpedition 1875 erhielt die Hauptform in Sibirien bei Kap Gostinoj und auf Novaja Semlja bei Matotschin Scharr und die Vegaexpedition ein einziges Individuum der Varietät prasina REUTER auf der Halbinsel Jalmal. Letzterwähnte Form wurde auch von Herrn Prof. JOHN SAHLBERG in Sibirien bei Jenisej gefunden.

Ausserdem verzeichnet von Dänemark (MÜLLER), England (LUBBOCK), Irland (TEMPLETON), Frankreich (BOURLET), Deutschland (BURMEISTER), Italien (PARONA), Sardinien (PARONA), Kalifornien (AUCTOR) und den Azoren (OUDEMANS).

### Isotoma bidenticulata TULLBERG. (Taf. VI. Fig. 7, 8.)

*Pilosa. Segmentum tertium abdominis quartum longitudine fere æquans. Antennæ capite non duplo longiores, articulus secundus et tertius longitudine fere æquales. Denticuli mucronum duo.*

1876 Isotoma bidenticulata, TULLBERG, Collembola borealia p. 35.

Ziemlich allgemein in den Hochgebirgen Jämtlands wo sie unter Steinen an den Ufern der Bäche, die in grosser Anzahl von den Bergen herabstürzen, vorkommt. Ich habe sie in der Gegend von Åre Eisenbahnstation, beim Ausfluss des sogenannten Ullan 378 M. ö. d. M. und auf mehreren andern Stellen in demselben Niveau erhalten. Der höchste Punkt auf Åreskutan, wo ich Gelegenheit hatte sie zu beobachten war 1000 M. ö. d. M.

Wurde während der Jenisejexpedition 1875 auf Novaja Semlja bei Matotshkin Scharr gefunden. TULLBERG erwähnt sie auch von Grönland.

Die Vegaexpedition erhielt sie massenhaft auf Hvitön und bei Kap Tscheljuskin, dem nördlichsten Landspitze Asiens (77° 36').

Ist die einzige der aus den arktischen Gegenden beschriebenen, schwedischen Formen, die ich nicht im Tieflande angetroffen; scheint also ausgesprochen hochnordisch zu sein.

### Isotoma maritima TULLBERG. (Taf. VI. Fig. 9, 10.)

*Pilosa. Segmentum tertium abdominis longius quam quartum. Antennæ capite paullo longiores; articulus tertius brevior quarto, secundo longior. Denticuli mucronum 3. Long 1½ mm.*

1872 Isotoma maritima TULLBERG Sveriges Poduirder p. 47.
? 1873         grisea LUBBOCK Monograph of the Coll. and Thys. p. 172.

Ist an Farbe und Habitus I. grisea LUBBOCK sehr ähnlich, vielleicht mit derselben identisch.

Tullberg hält sie für äusserst allgemein in Upland, Schonen und auf Gotland. Ich habe sie indessen nur zwei Mal in Upland angetroffen und nur in geringer Anzahl. In Bohuslän erhielt ich etwa dreissig Stück, die halbtot auf einer kleinen Wassersammlung auf einem Inselchen im Meer in der Nähe von Greblestad lagen.

Bekannt aus Finnland (REUTER), ?England (LUBBOCK) und Deutschland, Böhmen (UZEL).

### Isotoma tigrina (NICOLET).[1] (Taf. VI. Fig. 11.)

*Pilosa. Segmentum tertium abdominis longius quam quartum. Antenna capite paullo longiores; articulus tertius brevior quarto, secundo non longior. Denticuli mucronum 3, alius post alium insertus. Long 1 mm.*

1841 Desoria tigrina   NICOLET, Rech. p. serv. à l'Hist. des Pod. p. 59.
    Isotoma    1847   Id.   Essay sur une classif. de l'ordre d. Thys. p. 372.
    1872 TULLBERG, Sveriges Podurider p. 47.

Diese Form scheint mir mehrfach in der collembologischen Litteratur falsch aufgefasst worden zu sein. Sie ist gut kennzeichnet durch das *Endsegment* der *Gabel*, welche drei gut entwickelte in der Reihe stehende Zähne hat, von welchen der innerste die Form eines nach hinten gelegenen, scharfen Dorns hat. Die *Krallen* haben keine Dentikulation. Die Farbe des Tieres ist bläulich.

Wurde in Sägespänen in Ångermanland, Upland, Södermanland und auf Gotland gefunden. Ich habe sie unter gleichen Verhältnissen in Jämtland bei Åre station erhalten (378 M. ü. d. M.).

Wird von ?Frankreich (GERVAIS), der ?Schweiz (NICOLET) und ?Deutschland, Böhmen (UZEL).

### Isotoma olivacea TULLBERG. (Taf. VI. Fig. 12. 13.)

*Pilosa. Segmentum tertium abdominis longius quam quartum. Antenna capite paullo longiores; articulus tertius brevior quam quartus, non longior quam secundus. Denticuli mucronum quattuor, primus post secundus insertus tertius juxta quartum. Long 1.5 mm.*

1871 Isotoma olivacea, TULLBERG, Sveriges Podurider p. 46.
1890   voraginum, UZEL, Thys. Bohem. p. 65.

In TULLBERG'S Diagnose über die Art hat sich ein Fehler eingeschlichen, welcher Veranlassung zu einer Missdeutung gegeben hat. So hat UZEL in seiner Arbeit Thysanura Bohemiae deutlich diese Art als neu für die Wissenschaft unter dem Namen Isotoma voraginum beschrieben, was klar aus seiner lateinischen Diagnose und aus der beigefügten Abbildung über das Endsegment des *Gabels* hervorgeht. Die Diagnose UZEL's lautet folgendermassen: Antennis dimidia parte capite longioribus. Articulo primo secundo breviore, articulo secundo tertio fere longitudine aequali, quarto longissimo. Furcula in segmento quinto

---

[1] Die von PARONA aufgenommene I. tigrina NICOLET ist mit obiger Art nicht identisch, sondern steht I. sexoculata TULLBERG zunächst. Sie ist kurzgabelig und mit zwei Mucronalzähnen versehen.

abdominis inserta tubum ventralem attingente. Segmento tertio abdominis quarto paulo longiore. Unguiculis superioribus muticis. Denticulis mucronum quattuor, primo post secundum inserto, tertio juxta quartum. Fulva vel ferruginea interdum infuscata, capite pallidiore, antennarum articulo secundo tertioque obscuriore, furcula albida. Long 1,5 mm.

Gefunden in der Gegend von Upsala mit Isotoma viridis BOURLET (nach TULLBERG). Ich habe sie gleichfalls massenhaft und unter denselben Verhältnissen an mehreren Stellen in Upland angetroffen; so auch in Jämtland, wo sie sich vorzugsweise auf den höheren Gebirgsstufen unter feuchtem, die Gebirgswände bedeckenden Moos in der Nähe einzelner Schneeflächen aufhalten. Bei ruhigem und sonnigem Wetter begeben sie sich auf den Schnee.

Findet sich auf Areskutan bis zu einer Höhe von 1038 M. ü. d. M. Diese Art kommt auch in stillstehendem Wasser vor.

Ausserhalb Schwedens nur aus Finnland (REUTER) und Deutschland, Böhmen (UZEL) bekannt.

## Isotoma violacea TULLBERG. (Taf. VI, Fig. 14, 15.)

*Pilosa, fusco-caerulea, pedibus furcaque albis vel interdum pallide fuscis. Antennae capite paullo longiores, articulo secundo tertio parum longiore, ultimo omnium longissimo. Ocelli 16; 8 in utroque latere capitis. Unguiculus superior muticus. Dentes furculae recti, acuminati. Denticuli mucronum quattuor primo post secundum inserto, tertio juxta quartum. Denticulus primus secundo major. Long 1,5—2 mm.*

1876 Isotoma violacea, TULLBERG, Collembola borealia p. 36.

Die *Farbe* des Kopfes und Rumpfes ist dunkelblau oder violett, die Extremitäten und die Furcula sind oft rein weiss bisweilen bronzebraun. Der Körper ist dicht mit kurzen Haaren bedeckt, deren regelmässige Anordnung dem lebenden Tier Seidenglanz verleiht. Eine kurze, aufrecht stehende Borste kann man auf allen Körpersegmenten wahrnehmen. Auf den letzten Abdominalsegmenten finden sich ausserdem lange biegsame zu Bündeln vereinigte Haare vor. Die Extremitäten besitzen gleichfalls ausser den gewöhnlichen Haarbekleidung je eine Borste die rechtwinklig gegen das Femur hinzieht. Die *Unterkralle* ist mit einem deutlichen Zahn versehen, die *Oberkralle* ist unbewaffnet. Von den vier *Denticuli mucronum* sitzen die zwei äussersten nach einander und die zwei inneren neben einander. Betrachtet man die Gabel von der Seite, so erscheinen die Mucrones nur dreigezähnt, was daher kommt dass die hinteren Zähne grade vor einander liegen. Die Mucronalbildung erinnert sehr an diejenige von Isotoma olivacea TULLBERG, weicht aber darin ab, dass die beiden hinteren Zähne etwas aus einander getrennt sind, während sie bei I. olivacea TULLBERG ganz parallel laufen und aufrecht stehen. Ferner ist das hintere Paar nicht so weit von den vorderen entfernt wie bei I. olivacea TULLBERG. Übrigens ist eine Verwechselung nicht zu befürchten, da letztere Art ein ganz anderes Colorit hat und ganz kurzhaarig ist. Ich habe vorher in Verdacht gehabt, dass obige Art mit derjenigen in der Litteratur erwähnten Isotoma saltans AGASSIZ (syn. Desoria glacialis NICOLET) identisch wäre. Das dem so indessen nicht ist, davon habe ich mich durch freundliches Entgegenkommen von Herrn Prof. C. PARONA überzeugen können. Er hat mir nähmlich mehrere Individuen der in den Alpen lebenden sehr intressanten Isotoma-Form gesandt. Isotoma saltans Agassiz ist ganz schwarz. Diese Farbe streckt sich auch über die appendiculären Teilen des Tieres. Übrigens ist sie durch den kurzen Gabel wie auch durch die bogenförmigen Dentalteilen gut charakterisiert. (Siehe fig. 10, Pl. 5, Rech. p. serv. à l'Hist. des Pod. par H. Nicolet.) Unguiculus superior vermisst eine Zahnbewaffnung und verengert sich plötzlich gegen die Spitzen. Mucrones furculæ sind sehr klein und mit vier Zähne ausgestattet. Da keine Detailfiguren über diese bemerkenswürdige Art in der Litteratur bisher geliefert worden sind, teile ich hier einige zeichnungen mit.

Isotoma violacea Tullberg ist bei uns nicht selten und hat grosse vertikale Ausbreitung. In Jämtland trifft man dieselbe auf verschiedenen Stufen bis zu 1400 M. ü. d. M. In der Baumregionen kommt sie obwohl spärlich unter der Rinde alter Bäume, im Hochgebirge unter Steinen und Moos. Ich habe sie in der Gegend von Are Eisenbahnstation, Tegefors und auf mehrere Stellen auf Areskutan gefunden. Auch habe ich sie in Upland in der Gegend von Upsala, in Baumstümpfen, im verwitterten Gestein eines alten Gemäuers angetroffen.

Während der Jenisejexpedition 1875 wurde die Art in Sibirien bei Sapotschnaja Korga, Krestowskoj und Kap Jefremow Kamen sammt auf der Halbinsel Jalmal gefunden. Die Vegaexpedition erhielt mehrere Individuen bei Dicksons Hafen.

### Isotoma hiemalis n. sp. (Taf. VI, Fig. 16—18.)

*Caerulea, pilosa, pedibus furcaque albis. Segmentum tertium abdominale quartum longitudine fere aequans. Antennae capite paullo longiores, articulo tertio secundo breviore, quarto omnium longissimo. Ocelli 16; 8 in utroque latere capitis. Furcula, dentibus non acuminatis apice leniter sursum arcuatis, mucronibus quadridenticulatis. Denticulus primus secundo minor. Unguiculus superior muticus. Long 1,5—2,5 mm.*

Gleicht äusserlich sehr vorhergehender Art, weicht aber von dieser durch die Bildung der *Furcula* ab. Die Dentalteile sind kürzer und breiter und nach den Spitzen rückwärts gebogen. Die Mucronalteile sind viel kräftig entwickelt und haben ihre zähne mehr zusammengedrungen als der Fall ist bei Isotoma violacea Tullberg, der äusserste Zahn ist kleiner als der ihn vorhergehende. Der Kopf, die Antennen und der Rumpf sind schön himmelblau die Extremitäten und die Furcula sind weiss. Das Tier ist mit kurzen, dichten Haaren bekleidet, zwischen welchen einige längere herausstehen. Auf dem Endsegment des Abdomens lässt sich auch ein Bündel solcher Haare wahrnehmen.

Die Art ist bei uns allgemein auf frischgefallenem Schnee. Ich habe dieselbe mehrfach unter eben erwähnten Verhältnissen in der Gegend von Upsala gefunden und von Östergötland wurden mir eine Menge Individuen vom Herrn Ingenieur Karl Landström zugeschickt. In den Sammlungen des Reichsmuseums steht ein Glas mit einer grossen Menge von Exemplaren, die von einer arktischen Expedition auf Wardö herrühren. Der Herr Prof. G. Landström hat diese Art auf Gotland auf Schnee gefunden. In Finnland ist sie durch eine braungelb ganz kurzhaarig Varietät repräsentiert. Diese wurde in ungeheuren Massen von Herrn Kand. Uno Collan auf dem Schnee bei Halliko angetroffen.

### Isotoma Reuteri n. sp. (Taf. VI, Fig. 28—30.)

*Pilosa. Setæ plumosæ in segmentis abdominis dispersæ. Segmentum tertium abdominale quartum longitudine fere æquans. Antennæ capite paullo longiores, articulo tertio secundo breviore, quartis omnium longissimo. Denticuli mucronum quattuor, primus post secundum insertus, tertius juxta quartum. Unguiculi mutici. Pili clavati in tibiis tres. Long 1,5 mm.*

Schliesst sich nahe an Isotoma violacea TULLBERG an. Die beiden Arten haben auffallende Ähnlichkeit in der Körperfarbe, der Articulation der Antennen und vor Allem in der Bildung des Endsegments der Gabel. Man findet vier mucronale Zähne auf gleiche Weise geordnet. Was aber die Art sogleich bei einer genaueren Untersuchung isoliert, ist der Bau der *Extremitäten*. Diese, welche bei allen Beinpaaren gleich sind, haben keine Denticuli auf den Krallen, besitzen aber drei lange, biegsame, tibiale Spürhaare. Ausser der kurzen Haarbekleidung des Körpers findet sich wenigstens auf den Abdominalsegmenten eine kurze, rechtwinklig gegen die Rückseite des Körpers abstehende Borste, ferner ein ganzes Borstenbündel auf den Endsegmenten. Die Form zeigt also auch in der Verteilung der Körperborsten Übereinstimmung mit I. violacea TULLBERG. Bei dieser sind aber die aufrechtstehenden Borsten lang, spitz und völlig glatt, bei I. Reuteri hingegen kurz, abgestumpft und gefiedert. Die *Furka* des Tieres ist schwarzblau mit weisslichen appendiculären Teilen. Bei der Furcula beschränkt sich die helle Farbe nicht nur auf die Dentes, sondern ist auch bezeichnend für das Manubrium. Die Seiten des Hinterkopfes sind ebenfalls weiss.

Während der Vegaexpedition wurden in Tschuktsch Lande von den Höhen jenseits des Pitlekajlagums bei Tausenden Exemplare in fliessendem Wasser unter Eriophorumbälte und andere Felsenkräute gefunden.

### Isotoma grandiceps REUTER. (Taf. VI, Fig. 24—27.)

*Griseo-violacea. Pilosa. Setæ simplices in segmentis abdominis ultimis aggregatæ. Caput magnum segmentis tribus sequentibus æque longum. Ocelli 14 quorum 7 in utroque latere capitis. Organum postantennale nullum. Antennæ capite haud longiores, articulo altimo omnium longissimo, leniter arcuata. Mesothorax capite fere $^{3}/_{4}$ brevior. Segmentum abdominale tertium quartum longitudine fere æquans. Unguiculus uterque unidenticulatus. Furcula usque ad segmentum abdominale secundum vix extensum denticulis mucronum quinque. Long 3 mm.*

1891 Isotoma grandiceps. REUTER, Öfvers. af Finsk Vet. Soc. Förh. Bd XXXIII, p. 229.

In REUTER's Diagnose über die Art hat sich ein Fehler eingeschlichen, indem die mucronalen Zähne der Gabel auf 2 bestimmt werden, während es aber in Wirklichkeit 5 sind. Der Irrtum ist dadurch entstanden, dass der Verfasser nur schlecht konservierte Exemplare zur Verfügung hatte. Die vier aus Sibirien stammenden Exemplare, nach welchen er die Diagnose gestellt hat, habe ich gesehen und bei allen das Endsegment der

Gabel so maceriert gefunden, dass sich keine richtige Vorstellung vom Aussehen derselben bilden liess. Die Form weicht von den bisher bekannten der Gattung Isotoma durch die *Abwesenheit der Postantennalorgana* ab. Da man nun einerseits eine Isotoma ohne diese Bildung und andrerseits eine Achorutes-Form mit derselben gefunden hat, so scheint dem Vorhanden- oder Nichtvorhandensein der organa postantennalia bei der Begrenzung der Formen keine besonders grosse Bedeutung beizulegen sein. Isotoma grandiceps REUTER erkennt man schon bei oberflächlicher Betrachtung an ihrem grossen Kopf und den Antennen, welche kürzer sind als der Kopf und oft zangenförmig gegen einander gebogen. Das Endglied ist länger als die übrigen, das zweite etwas länger als das dritte. Auf jeder Seite sind 7 *Augen*; die Anordnung ist auf der Figur ersichtlich. Jede *Kralle* ist mit einem Zahn versehen. Die *Furcula* ist klein, reicht nicht bis zum Ventraltubus. Dentes, die eine etwas nach oben gebogene Spitze haben, sind wenig länger als das Manubrium. Die Mucronalsegmente haben einen Bau, der an denjenigen von I. violacea TULLBERG erinnert. Die Anzahl der Zähne scheint sich auf fünf zu belaufen; die drei äussersten sitzen nach einander eingefügt, die beiden inneren neben einander; der äusserste ist sehr minimal und aufwärts gebogen. Das Segment hat auch an den Seiten deutlich hervorstehende Kiele und abwärts an den Heftpunkten derselben einige auswärts gebogene Fetzen. Das ganze Tier ist kurzhaarig und hat ausserdem auf den Dorsalflächen der letzten Abdominalsegmente einige längere, aufwärts stehende Borsten. Das Colorit ist oben dunkelblau. Extremitäten und Antennen sind grünlich. Unter der Lupe erscheint das Tier grauschwarz.

Die Jenisejexpedition 1876 erhielt einige zwanzig Stück in Sibirien bei Tolstonosovskoj und auf dem Nikandroschen Insel. Ist auch von Herrn Prof. JOHN SAHLBERG in Sibirien gefunden. Während der Vegaexpedition wurde ein Individuum auf St. Lawrence Insel in Berings-Meere erhalten.

### Isotoma sensibilis TULLBERG. (Taf. VI. Fig. 31, 32.)

*Pilosa. Segmentum tertium abdominale quartum longitudine fere aequans. Antennae capite paullo longiores; articulus tertius secundo brevior. Denticuli mucronum tres, alius post alium insertus, ultimus maximus. Pili clavati in tibiis anticis duo, in tibiis posticis tres. Long 2 mm.*

1876 Isotoma sensibilis. TULLBERG, Collembola borealia p. 36.

Diese früher nur von Novaja Semija bekannte Art gehört zu einer unsrer allgemeinsten Isotoma-Formen. Sowohl ihre horizontale wie vertikale Ausbreitung scheint recht gross zu sein. Ich habe sie häufig in Bohuslän, Östergötland, Uppland und Jämtland gefunden. In der Kiefernregion auf Areskutan kommt sie unter der losen Rinde alter Baumstümpfe und herabgefallener Zweige vor; oberhalb der Baumgrenze, wo ich sie bis ungefähr 1053 M. ü. d. M. gefunden habe, lebt sie oft in grossen Massen unter dem Moos. Auch ausser Jämtland habe ich sie immer unter gleichen Verhältnissen gefunden.

Wurde auch nach REUTER in Finnland und Deutschland bei Leipzig angetroffen.

### Isotoma cinerea NICOLET. (Taf. VI. Fig. 33, 34.)

*Segmentum tertium abdominis longius quam quartum. Ocelli 16; 8 in utroque latere capitis. Furcula in segmento quinto abdominis inserta, apices dentium appropinquantes, macrones quadridenticulati. Long 1½ mm.*

1841 Desoria cinerea   NICOLET, Rech. p. serv. à l'Hist. des Podur. p. 60.
    Isotoma       1872 TULLBERG, Sveriges Podurider p. 47.

Wurde auf Gotland massenhaft unter der Rinde umgehauener Bäume angetroffen (TULLBERG). Ich habe sie teils in der Gegend von Upsala teils in Jämtland, wo sie sehr allgemein in der Kiefern- und Birkenregion unter der Baumrinde ist, wahrgenommen.

Während der Expedition Vegas wurden einige Individuen von einer Excursion auf den Höhen bei Jinretlen und Pitlekaj in Tschuktsch-Lande mitgebracht.

Die Art findet übrigens Erwähnung aus Finnland (REUTER), England (LUBBOCK), Frankreich (GERVAIS), der Schweiz (NICOLET), Deutschland (in der Gegend von Bremen) (REUTER), Böhmen (UZEL), Oestreich, Tirol (V. DALLA TORRE), Ungarn (TÖMÖSVÁRY) und Italien, Ligurien (PARONA).

### Isotoma clavata n. sp. (Taf. VI. Fig. 35–37.)

*Pilosa. Fusco-cærulea. Segmentum abdominis primum secundo paullo brevius. Antennæ capite fere breviores, articulo ultimo proximo vix longiore. Ocelli 16, 8 in utroque latere capitis. Organum postantennale ellipticum. Tibiæ pilis clavatis singulis instructæ. Denticuli macronum duo alias post aliam insertus. Long 1,5–2 mm.*

Die Art besitzt grosse äussere Ähnlichkeit mit Isotoma sexoculata TULLBERG, lässt sich aber von dieser leicht durch die Anzahl der *Ocellen*, den Bau des *Postantennalorgans* und das Vorhandensein *tibialer Spürhaare* unterscheiden. Sie vermittelt den Übergang von den Isotoma-Formen, welche die typische Anzahl Ocellen besitzen, zu denjenigen bei welchen diese mehr oder weniger reduciert sind. Mit den letzteren hat sie nämlich die kurze, *bidenticulirte Furcula* gemeinsam. Es sind 16 Ocellen und ist ihr Verhältniss zu einander und zum Postantennalorgan auf der Abbildung zu ersehen. Sie sind sehr dunkel und sogar mit Hülfe der stärksten Vergrösserung schwer wahrzunehmen. Erst nach dem Kochen in kaustischem Alkali und nach der sorgfältigen Entfernung aller Buccalteile werden sie dem Auge zugänglich. Das Postantennalorgan besteht aus einem elliptischen Hautring mit kleinem Längenunterschied zwischen den beiden Diagonalen, während dasjenige bei Isotoma sexoculata TULLBERG und andren zur selben Abteilung gehörenden Arten unregelmässig langgestreckt und am oberen Rande mit einem Einschnitt versehen ist. Die *Antennæ* sind wie aus der Diagnose hervorgeht etwas kürzer als die längste Diagonale des Kopfes, die Endglieder sind nur wenig länger als die vorhergehenden, welche ihrerseits wieder eben so lang wie articulus secundus sind. Bei I. sexoculata ist das Endglied der Antennen doppelt so lang als das dritte Glied und zeichnet sich ausserdem durch seine relative Dicke aus. Der Manubrialteil der *Furcula* ist gut so lang wie Dentes und Mucrones zusammen. Es ist schwer das Insertionssegment der Furcula anzugeben, da sowohl das dritte wie auch das vierte und fünfte Abdominalsegment durch ventrale Aussackungen an der Bildung des oberen Manubrialteils mitzuwirken scheinen. Eines der wichtigsten Merkmale der Art ist das Vorhandensein tibialer Spürhaare auf allen Extremitätenpaaren. Von I. sexoculata TULLBERG und zunächststehenden Arten weicht sie schliesslich durch die Bildung des *Tarsus* ab, da unguiculus superior beinahe grade ist und unguiculus inferior eine äusserst unbedeutende Konvexität am oberen Rande zeigt. Das Tier ist dicht mit kurzen Haaren bedeckt und von blauschwarzem Colorit.

Ich habe diese Isotomaform in grossen Massen in Bohusläns Meeresbuchten angetroffen. Schöpft man bei ruhigem, sonnigem Wetter diese in der unmittelbaren Nähe des Ufers auf, so erhält man häufig auch Achorutes viaticus TULLBERG und Xenylla maritima TULLBERG.

### Isotoma minuta TULLBERG. (Taf. VI. Fig. 40—42.)

*Segmentum tertium abdominis brevius quam quartum, in quo furcula inserta est. Ocelli 16; 8 in utroque latere capitis. Dentes furculæ manubrio non longiores, recti; mucrones tridenticulati. Long ?, mm.*

1872. Isotoma minuta, TULLBERG, Sveriges Podurider, p. 47.

In grosser Anzahl in einem Sägespänhaufen auf Gotland gefunden (TULLBERG). Diese Art habe ich nie angetroffen.

Während der Jenisejexpedition 1875 wurde einige Exemplare in Sibirien gefunden. Übrigens nur aus Finnland (REUTER) bekannt.

### Isotoma sexoculata TULLBERG. (Taf. VI. Fig. 38, 39.)

*Segmentum tertium abdominis brevius quam quartum, in quo furcula inserta est. Ocelli 6; 3 in utroque latere capitis. Dentes furculæ manubrio non longiores, recti; mucrones bidenticulati. Long 1, mm.*

1872. Isotoma sexoculata, TULLBERG, Sveriges Podurider, p. 48.

Nur spärlich auf der Östlichen Küste Gotlands wahrgenommen (TULLBERG). Ausserhalb Schwedens nicht bekannt.

### Isotoma quadrioculata TULLBERG.

*Segmentum tertium abdominis brevius quam quartum, in quo furcula inserta est. Ocelli 4; 2 in utroque latere capitis. Dentes furculæ manubrio non longiores, recti; mucrones bidenticulati. Long 1, mm.*

1872. Isotoma quadrioculata, TULLBERG, Sveriges Podurider, p. 48.

Findet sich auf feuchten Wiesen auch in Wohnzimmern auf Blumentöpfen in Upland und Smaland (TULLBERG). In jener Landschaft habe ich sie reichlich auf Blumentöpfen angetroffen, in Jämtland auf einem Holzstoss bei Tegefors, auf Areskutan in der Kieferregion unter Moos; auf dem Gipfel des Berges fand ich ein Exemplar, das beinahe ganz weiss war.

Die Jenisejexpedition 1875 erhielt diese Art auf Novaja Semlja bei Kostin scharr. Ein einziges Individuum von Hvitön während der Expedition Vegas. TULLBERG giebt sie auch aus Grönland an.

Bekannt aus Finnland (REUTER), Deutschland, teils in der Gegend von Bremen (REUTER), teils in Böhmen (UZEL).

### Isotoma limetaria (LINNÉ) TULLBERG.

*Segmentum tertium abdominis brevius quam quartum, in quo furcula inserta est. Ocelli nulli. Dentes furcula manubrio fere duplo longiores recti; mucrones bidenticulati. Long 1 mm.*

1872. Isotoma limetaria, TULLBERG, Sveriges Podurider, p. 48.

Unter Holzstücken bei Upsala, Jönköping und auf Gotland (TULLBERG). Ich habe ein Exemplar von Grebbestad in Bohuslän und gleichfalls eines aus Jämtland vom Gipfel der Areskutan.

Der Jenisejexpedition 1875 erhielt diese art in Sibirien bei und die Vegaexpedition bei Hvitön. TULLBERG erwähnt sie auch von Grönland.

Übrigens bekannt aus Finnland (REUTER) und Deutschland, Böhmen (UZEL).

### B. Dentes Furculæ Obtusi.

### Isotoma crassicauda TULLBERG. (Taf. VI. Fig. 43, 45.)

*Pilosa. Segmentum abdominale quartum longius quam tertium. Antennæ capite non longiores articulis subæqualibus. Ocelli 16, quorum 8 in utroque latere capitis. Furcula usque ad tubum ventralem pertinens. Dentes obtusi tibiis crassiores, mucrones a lamellis inter se conjunctis conformati. Long 1 mm.*

1872. Isotoma crassicauda, TULLBERG, Sveriges Podurider, p. 48.

Nach TULLBERG spärlich auf der östlichen Küste Gotlands; ein Exemplar aus Schonen. Habe sie niemals gefunden. Findet sich ausser Schweden nur von Finnland (REUTER) und Schottland, Shetland (REUTER) verzeichnet.

### Isotoma litoralis n. sp.

*Pilosa. Segmentum abdominale quartum longius quam tertium. Antennæ capite non longiores articulis subæqualibus. Ocelli 16, quorum 8 in utroque latere capitis. Furcula usque ad tubum ventralem pertinens. Dentes obtusi tibiis haud crassiores mucrones lamellosi, bidenticulati. Long 2 mm.*

Ist eine recht eigentümliche Form. Ihr nächster Verwandter ist Isotoma crassicauda TULLBERG. So grosse Ähnlichkeiten sind zwischen diesen beiden Arten, dass sie bei oberflächlicher Betrachtung fast identisch erscheinen. Die wichtigste Übereinstimmung liegt im Bau der Körpersegmente, der von demjenigen andrer Formen der Gattung Isotoma abweicht. Die Körperform ist kurz und dick und die beinahe *homonome Rumpfsegmentierung* weist ihr den äussersten Platz in der Artenserie auf der Grenze zur Familie der Lipuriden an. Auch in den appendiculären Teilen herrscht Übereinstimmung mit obenerwähnter Art. Das Manubrium ist eben so lang wie Dentes und Mucrones zusammen; jene sind ihrer ganzen Länge nach gleich breit. Doch findet sich bei dieser Art nicht das für I. crassicauda TULLBERG so bezeichnende Merkmal, welches in der grösseren Dicke der Tibien als der Gabelbeine besteht. Hier sind beide Organe gleich dick und die ganze Gabel im Verhältnis zur Grösse des Tieres länger. Auch lassen sich beide Formen sogleich durch das Aussehen des mucronalen Segmentes der *Furcula* unterscheiden. Bei I. litoralis ist es auch lamellos und macht den Eindruck durch eine dünne Chitinplatte gebildet zu sein die aufwärts gebogen und an der obersten Rande zusammengefügt worden. An der Basis befindet sich eine Vertiefung und an der Zusammenfügungsstelle erscheint ein halbmondförmiger Einschnitt, der zwei Spitzen hervorbringt. Auch in der Bildung der *Tarsen* liegt eine Verschiedenheit ausgesprochen, in dem die Krallen obiger Art viel grösser sind als bei I. crassicauda TULLBERG. Die Farbe des Tieres ist rotbraun, und die Körperbekleidung besteht aus dichten feinen Haaren.

Eine grosse Anzahl Exemplare dieser Art befindet sich in den Sammlungen des Reichsmuseums. Etwa zehn Stück wurden vom jetzigen Finnischen Gouvernör MALMGREN auf Spitsbergen eingesammelt, die übrigen sind bei Anddraksön in Östergötland vom vorigen Fischerei-Intendenten HJALMAR WIDEGREN gefunden worden. Ich habe die Art in den Scheeren Uplands angetroffen. Einige Exemplare aus Finnland habe ich auch in der Collembolasammlung des Zoologischen Museums zu Helsingfors gesehen; sie stammen vom Herrn Prof. O. M. REUTER her.

## Fam. III. LIPURIDÆ.

### Gen. XIV. PODURA LINNÉ.

#### Podura aquatica LINNÉ.

*Ocelli 16; 8 in utraque latere capitis. Unguiculus inferior nullus. Furcula usque ad tubum ventralem pertinens, dentibus arcuatis. Supra anum nulla spina. Atra vel rubro-violacea. Long. 1 mm.*

1758, Podura aquatica. LINNÉ. Syst. Nat. Ed. X. p. 609.
1872, TULLBERG. Sveriges Poduriden, p. 49.

Tullberg giebt an, dass obige Form einmal von Herrn Prof. Lilljeborg, auf einem kleineren Gewässer in der Nähe von Upsala gefunden worden. Ich habe sie allgemein und unter gleichen Verhältnissen in Upland wiedergefunden. Sie tritt immer massenweise auf der Wasserfläche auf. Von Tromsö wurden mir eine Menge Exemplare durch Herrn Konservator Sparre-Schneider zugesandt.

Während der Jenisejexpedition 1876 wurden mehrere Exemplare in Sibirien bei Tolstonosovskoj eingesammelt. O. Fabricius erwähnt diese Form von Grönland.

Übrigens bekannt aus Finnland (Reuter), Dänemark (Müller), England, Irland (Lubbock), Franckreich (Gotelet, Latreille u. a.), der Schweiz (Nicolet), Deutschland, Böhmen (Uzel). (Robert Schneider erzählt, dass man die Art in kleinen Wassersammlungen in den Steinkohlgruben Schlesiens angetroffen habe); Ostreich, Tirol (v. Dalla-Torre äussert in seine Arbeit über Die Thysanuren Tirols von der Form folgendermassen: Mehrmals und meist in sehr grosser Menge auf der Oberfläche von stehenden Wasser beobachtet, so im Volderthale bei Bad Ratzes auf dem Monte Baldo, vertical noch bei 1800 Met. Höhe im Paznaunthale, dann bei der Pagerhütte in einem Gletschertümpel.) Auch in Ungarn hat man diese Form wahrgenommen und zwar in numbers on snow and puddles of water (Tomosvary). Endlich wurde sie aus Italien (Parona) und N. Amerika (Packard jr) verzeichnet.

### Gen. XV. TETRACANTHELLA Schött. (Taf. VII. Fig. 2–5.)

*Pili clavati in segmentis apicalibus stipati, in ceteris dispersi. Ocelli 16, quorum 8 in utroque latere capitis, in maculis nigris positi. Antennae capite breviores, quadriarticulatae, articulo quarto omnium longissimo. Instrumenta cibaria ordinaria. Organum postantennale fere ellipticum, paullum compressum adest. Spinae anales quattuor, quarum quae in apice segmenti abdominalis ultimi majores. Furcula brevis, manubrio dentes longitudine fere aequante, mucronibus breve lanceolatis. Tibia pilis clavatis quattuor, quorum unus in medio tibiae affixus, ceteris longior et retro directus. Unguiculus inferior adest.*

#### Tetracanthella pilosa Schött.

*Curulea, albopilosa. Long 2 mm.*

1891. Tetracanthella pilosa, Schött, Entomol. Tidskrift. Stockholm, p. 191 u. 192.

Bei meiner Arbeit mit einer von Dr Schlegel mitgebrachten kleineren Sammlung norwegischer Collembola traf ich einen Lipuriden an, der mit vier spinae anales versehen war. Da ich auf dem einzigen, zu meiner Verfügung stehenden Individuum keine Springgabel entdecken konnte, war ich Anfangs geneigt zu glauben, dass die Form sich ganz einfach auf einer Triaena mit einem abnorm ausgebildeten Dorn reducierte. Eine nähere Untersuchung zeigte aber bald das Unzureichende in dieser Vermutung, denn die Dornen hatten weder das für diese Gattung typische Aussehen noch die gegenseitige Lage, auch stellte sich bald mit Hilfe des Mikroskops heraus, dass das Tier normal entwickelte Mundteile und 16 Ocellen besass. Ich habe später selbst die Form in mehreren Exemplaren gefunden und einige einer genauen Untersuchung unterzogen, was mich veranlasste eine neue Gattung innerhalb der Familie der Lipuriden aufzustellen. Nach ihren morphologischen Merkmalen zu urteilen, erweist sich diese Gattung gleichzeitig als ein ausgeprägter Lipurid und als verwandt mit der Gattung Isotoma BOURLET innerhalb vorhergehender Familie. Sie scheint mir einen Übergang von dieser nach der Gattung Achorutes TEMPLETON zu vermitteln. Mit ersterer hat sie den ziemlich langgestreckten Rumpf, die Bildung des ersten Thoracalsegments und vor Allem das Postantennalorgan gemeinsam, mit letzterer die granulierte Haut spina analis und die kurze Furcula. Die Anzahl der *Ocellen* ist die für die beiden erwähnten Gattungen typische nämlich 16. Der *Kopf* ist nach vorn zu gerundet noch hinten zu platt. Die *Antennen* sind kürzer als der Kopf und viergliedrig, das Endglied am längsten, das zweite etwas länger als das dritte. Von den Ocellen sind 8 auf jeder Seite und auf schwarze Flecke verlegt. Zwei sind kleiner als die übrigen und schwer wahrzunehmen. Erst nach ziemlich langem Kochen in kaustischem Kali und nach Entfernung der Kopfbedeckung treten sie deutlich hervor. Die übrigen sechs, die bedeutend grösser sind, zeigen sich schon bei gelinder Erwärmung in der alkalischen Flüssigkeit, bisweilen sogar bei Maccerationspräparaten von conserviertem Material. Vor den Ocellen liegt das *Postantennalorgan*, das die Form eines langgezogenen, etwas zusammengedrückten Ringes hat. Das erste *Thoracalsegment* hat die Form einer einfachen Hautfalte wie bei der Gattung Isotoma (BOURLET), tritt aber deutlich auf der Dorsalfläche des Körpers hervor. Das zweite und dritte Segment ist relativ gross und von gleicher Ausstreckung. Das erste *Abdominalsegment* erreicht nicht ganz die Länge der zunächst folgenden, das zweite, dritte und vierte sind gegenseitig ungefähr gleich gross und bedeutend grösser als die beiden letzten. Die Grenze zwischen diesen ist kaum wahrnehmbar, aber ich vermute, dass sie vor den Basen der kleineren Analpapillen liegt, weshalb also das sechste Segment ganz und gar von den Dornen mit ihren resp. Papillen eingenommen wird. Das hervorragendste Merkmal der Form ist das Vorhandensein von *vier spina analis*. Von diesen sitzen zwei ganz an der Spitze des Endsegments des Abdomen, sind grösser und etwas mehr gebogen als die beiden inneren, deren Heftpunkte höher hinauf auf den Seiten des Segments sitzen. Alle Dornen sitzen auf gut entwickelten Papillen. Diejenigen welche die äusseren Dornen tragen, stossen mit ihren resp. Basen, wie beispielsweise bei Achorutes armatus (NICOLET) zusammen. Die Tarsalglieder der *Extremitäten* sind alle mit Unterkralle, die Tibien mit vier Spürhaaren versehen, von denen ein ungewöhnlich langes hoch oben sitzt und nach hinten zeigt. Von den übrigen, die unmittelbar oberhalb der Krallenglieder entspringen, ist das eine länger und deutlicher als die beiden anderen, die kleine Anschwellungen an der Spitze haben. Die *Furcula*, welche sich an fünfte Abdominalsegment inseriert, hat ungefähr gleich langes Manubrium und Dentes und lanzettähnliche Mucrones. Die *Haut* des ganzen Tieres ist mit kurzen Haaren bekleidet zwischen welchen ausserordentlich lange, an der Spitze angeschwollene und etwas gebogene Borsten rechtwinklig von den Dorsalflächen des Kopfes und des Rumpfes emporstehen. Man findet sie auch in einem dichten Bündel auf dem letzten Abdominalsegment angehäuft. Das Colorit ist dunkel bläulich. Bei darauffallendem Licht erscheint die dunkle Farbe netzartig auf dem helleren Grunde verteilt.

Ich habe diese Form teils in Bohuslän bei Grebbestad unter Moos auf einem Berg, teils in Jämtland auf Areskutan in dem Sphagnumbett, welches die erste Stufe des Berges, den sog. Mörvikshummel 800 M. ö. d. M. bekleidet, angetroffen. Sie kommt vereinzelt vor und scheint sehr selten zu sein, denn trotz eifriger Bemühungen habe ich nur einige Individuen erhalten können. Ein Exemplar wurde von Dr Schøyen in Norwegen gefunden.

Von Lipuriden mit mehr als zwei spinæ anales werden ausser Triaena mirabilis Tullberg noch drei in der collembologischen Litteratur erwähnt. Einer wurde schon im Jahre 1842 in Ann. de la Soc. Ent. de France Tome XI pag. 246 von einem russischen Zoologen M. Vaga beschrieben. Der Aufsatz ist betitelt: Description D'un Insecte Aptère Qui Se Trouve En Quantité Aux Environs De Varsovie. Der Verfasser nennt seine Form Achorutes bileanensis und widmet derselben eine genaue Beschreibung, die in vielen Hinsichten der von mir aufgestellten Gattung angepasst werden kann. Jedoch finden sich grosse Abweichungen vor. So ist z. B. die Anzahl der Analdornen bei A. bileanensis 6. Da ich indessen Anfangs eine äusserst geringe Anzahl Individuen für meine Untersuchungen hatte und da Irrtümer bei einem so beschränkten, komparativen Material leicht entstehen können, so glaubte ich zuerst, dass ich entweder zwei von den Dornen ganz übersehen, oder dass meine präparierten Individuen möglicherweise eine solche Lage unter dem Glase erhalten, dass nur vier sichtbar werden konnten. Erneuerte Untersuchungen an später erhaltenen Individuen zeigten jedoch zur Genüge, dass die Form neu und mit der von Vaga beschriebenen Achorutes-Art nicht identisch war. Unter Anderem wurde dieser auch durch eine Untersuchung über das Vorhandensein und die Anzahl der Ocellen bestätigt, was schon allein ausreichend wäre alle Zweifel zu entfernen, da Vaga von A. bileanensis sagt: Il n'y a aucune trace d'yeux. Indessen wagte ich nicht diesem negativen Merkmal volle Bedeutung beizumessen, da der Verfasser nebst dem Fehlen der Augen eine Serie von Poren constatiert, die in zwei Reihen auf den Seiten des Kopfes geordnet sind und von ihm als Stigmata gedeutet werden. Ich hielt also eine Verwechselung der Stigmata mit den Augen für möglich, besonders da die Trachoeöffnungen nur bei den Sminthuriden und zwar auf der Unterseite des Kopfes wahrgenommen worden. Übrigens erscheint mir unangemessen die Form, unter Voraussetzung der Richtigkeit des Merkmals, zur Gattung Achorutes hinzuführen, da Tullberg als eines des wichtigsten Kennzeichen grade das Vorhandensein von 16 Ocellen hervorhebt. Ausser den überzähligen spinæ anales giebt es noch andre Verschiedenheiten. Von den Antennen bei A. bileanensis heisst es z. B. antennarum articulo ultimo longitudine trium praecedentium und vom Tarsus: quil est terminé par un seul ongle, en croehet blanc, qui s'articule à la patte»

In den Mitteilungen der Schweizerischen Entomologischen Gesellschaft, Band 6, Heft 1, kommen unter der Überschrift: Entomologische Notizen von Dr G. Haller einige Mitteilungen über Poduriden vor, in denselben wird eine neue Gattung beschrieben, welche den Namen Lubbockia erhält und als eine Mittelform zwischen Podura und Achorutes in das System eingeführt wird. Die Beschreibung ist nach einem einzigen Exemplar ausgeführt, das aber nach der Aussage des Verfassers ein tadellos conservirtes Individuum ist. Die Hauptmerkmale der Gattungsdiagnose sind: Antennen gestreckt, länger als der Kopf, dünn, fünfgliederig und nahe dem Hinterrande des Körpers zwei starke, leicht gebogene Dornenpaare. Darauf wird eine ausführliche Detailbeschreibung über die Art, die coerulea genannt wird, gegeben. Betreffs der Bildung der Mundteile und der Anzahl der Ocellen kann der Verfasser keine Auskunft geben, wohl aus dem Grunde, weil das Material sich auf ein einzige Individuum beschränkte, das es der Sektion nicht preisgeben wollte. Er erwähnt von den Augen nur: »Fleck, in dem die Augen stehen, sehr tief schwarz, weshalb es mir nicht gelingen wollte, jene zu zählen. Alle übrigen in der Artbeschreibung angeführten Merkmale stimmen gut zu meiner Form. Doch lassen sich beide nur unter der Bedingung gleichstellen, dass ich das fünfte Antennenglied bei Lubbockia für eine Täuschung oder eine zufällige Verbildung halte.

Schliesslich ist noch eine Form mit vier Analdornen und in Tullberg's Subfamilie Lipurinæ einrangiert auf den Alpen, den Karpaten und den Sudeten von Prof. Latzer gefunden und von Reuter beschrieben worden. Er hat für dieselbe eine neue Gattung Tetrodontophora aufgestellt und nennt die Art gigas infolge ihrer ausserordentlichen Grösse, die bisweilen bis 6 mm. betragen kann. Sie ist also die grösste, bisher bekannte Collembola-Form. Dass keine Gleichstellung meiner Form mit dieser denkbar ist, ersieht man ausser der Verschiedenheit der Grösse auch aus folgenden Merkmalen bei Tetrodontophora, nämlich ocelli et organa postantennalia nulla und furcula ad tubum ventralem pertinens; ich habe sie aber doch in dieser Zusammenstellung erwähnen wollen.

## Gen. XVI. ACHORUTES (Templeton).

### 1. Achorutes viaticus Tullberg.

*Unguiculus inferior adest. Dentes furculæ graciles, duplo vel triplo longiores quam mucrones. Manubrium dentibus brevius. Spinæ anales paullo longiores quam papilla conicæ, quibus affixæ sunt. Long. 1—2 mm.*

1746. Podura viatica, Linné. In Suec. Ed. 1, p. 343.
1872. Achorutes viaticus, Tullberg, Sveriges Podurider, p. 50.

Ist eine unserer allgemeinsten Collembola-Formen. Findet sich in Upland und auf Gotland in Gräben und unter Steinen am Wege, auch unter Seetang am Meeresufer (Tullberg). Ich habe sie mehrfach in Bohuslän beim Schöpfen im Meer angetroffen. In der Gegend von Upsala traf ich sie einmal unter eigentümlichen Verhältnissen an. In einem Graben wurden viele tausend Individuen mit dem rinnenden Wasser fortgeführt, aber an einer Stelle durch eine quer über den Graben gehende Verzäunung aufgehalten. In folge dessen wuchs die Anzahl dieser kleinen Wesen so dass man die ganze Hand und einen Teil des Armes durch die zusammengepackte Masse stecken konnte ohne jedoch die Wasserfläche zu erreichen. Vermutlich kamen sie von den naheliegenden Ackerfeldern. In Jämtland fand ich in einem Bergwasser nahe dem Gipfel der Areskutan eine Menge dieser Art zugehörige, abgeworfene Häute; man trifft sie in dieser Landschaft recht allgemein.

Ein Mehrzahl Exemplare wurden Während der Jenisejexpedition 1875 in Finnmarken auf der Renö und in Sibirien zwischen Tomsk und Kainsk in einem Salzwasserbinnensee in der Nähe von der Station Utkulskaja angetroffen. Die Jenisejexpedition 1876 erbeit diese Form auf den Nikandrowschen Inseln und die Vegaexpedition in Tschuktsch-Lande im Süden von Pitlekaj und auf Hvitön. Ist von Tullberg auch verzeichnet aus Beeren Island und Grönland.

Übrigens bekannt aus Norwegen (TULLBERG), Finnland (REUTER, BERGROTH), Dänemark (O. FABRICIUS), England (LUBBOCK), Irland (TEMPLETON), Schottland (REUTER) und Kalifornien (AUCTOR).

### Achorutes socialis UZEL. (Taf. VII, Fig. 6—8.)

*Unguiculi inferiores adsunt. Unguiculis superioribus magnis, patulum curvatis, dente acuto ante apicem instructis. Pilis clavatis super unguiculos. Tibia longis pilis instructa, pilo longissimo clavato. Mucronibus oblongis, apicem versus attenuatis, obtusis. Dentibus furcula tertiam partem mucronum superantibus, crassis, mucronibus triplo longioribus, infra quinque brevibus dentibus conicis acutis, quatuor seriatim positis armatis. Spinis analibus validis, papillis longitudine æquantibus, patulum curvatis, obtusis. Antennis mutuabris brevi, articulis successive longioribus, articulo secundo apice truncato, articulo tertio et quarto minus discretis. Corpore obeso, postice angustato, segmento ultimo cylindrico. Obscure cæruleus, pruinosus, pedibus, antennis, furcula non pallidioribus interdum purpureus. Long. corp. 1—1,5 mm.*

1846, Podura nivicola.    TITCH, Emmon's journ. Science and Agr. p. 154.
       Achorutes         1872, PACKARD jr. Fifth. ann. rep. of the Trust. of the Peab. Acad. of Science. p. 29.
1890,         socialis,  UZEL, Thysanura Bohemiæ, p. 69.

Die Form ähnelt sehr Achorutes viaticus TULLBERG im Colorit und Habitus, lässt sich aber von dieser leicht durch das eigentümliche Aussehen der *Furcula* unterscheiden. Das Basalstück derselben ist gut so lang wie Dentes und Mucrones zusammen. Die Dentes sind mit vier durchsichtigen *Chitintuberkeln* mit ziemlich breiter Basalfläche versehen. Ihre Höhe ist dem längsten Diameter der Basis etwa gleich, sie sitzen im Zickzack auf der Innenseite der Dentalteile, was leicht wahrzunehmen ist, wenn man ein Stück von der Gabel lostrennt und mit der Innenseite nach oben unter das Mikroskop legt. Betrachtet man dagegen die Furcula von der Seite, so scheinen die Tuberkeln in einer Reihe zu liegen, auch lässt sich ihre gegenseitige Grösse leicht wahrnehmen. Die am weitesten nach unten sitzenden sind etwas grösser als die oberen, welche durch eine Reihe äusserst feiner Dornen bis hinauf zum Manubrium ersetzt werden. Auch sind die Dentes mit einigen, wenigen, ziemlich weit von einander sitzenden Borsten versehen, unter denen sich besonders eine, die erste von oben gezählt, wegen ihrer ausserordentlichen Länge auszeichnet. Das Endsegment hat einen charakteristischen Bau, der sich bei keiner bisher bekannten Form der Gattung Achorutes wiederfindet. Es erinnert etwas an dasjenige einiger Isotoma-Arten mit bidenticulierten Mucrones; es ist leicht gebogen und nahe der Spitze mit einem Seitenfortsatz versehen. Dieser zeigt bei scharfer Stellung des Mikroskops einen Einschnitt an dem freien Ende und ist der Form nach beinahe quadratisch. Das Ganze erhält das Aussehen eines etwas gebogenen Schlüssels mit krausem Bart. Das vierte Glied der *Antennen* ist beinahe doppelt so lang als das vorhergehende. Die drei ersten sind gleich lang. Da die Art gut charakterisiert und durch das eigentümliche Aussehen der Furcula besonders leicht zu erkennen ist, dürfte eine ausführlichere Beschreibung der Form der einzelnen Körpersegmente überflüssig erscheinen. Ich will doch Einiges über die Tibial- und Tarsalteile der *Extremitäten* erwähnen. Ein tibiales Spürhaar befindet sich auf allen Extremitätenpaaren gleich oberhalb der Oberkralle. Es ist so lang, dass wenn man sich dasselbe an den Rand des unguiculus superior gedrückt denkt, es bis zur Spitze der Kralle hinreicht. Die Oberkralle ist mit zwei Zähnen versehen, einem grösseren nahe der Spitze und einem kleineren nahe der Basis. Die Unterkralle ist klein. Die *Farbe* des Tieres ist dunkel blauviolett, mit Ausnahme der unregelmässig begrenzten Flecke, welche die Ocellen tragen; diese erscheinen beinahe schwarz.

Die Form wurde in unserem Lande zuerst 1883 im Januar in der Gemeinde Weckholm in Upland vom Herrn Dr CARL AURIVILLIUS angetroffen und soll seinen Mitteilungen nach massenhaft auf dem Schnee in einem Nadelwald vorgekommen sein. Im Winter 1888 fand man sie auf dem selben Platz unter denselben Verhältnissen. Auch von Östergötland wurde mir eine Anzahl Exemplare von Herren Schullehrer G. SÖRMERG und Ingeniör CARL LANDSTRÖM zugesandt. Sie sind teils in der St. Anna Gemeinde in Östergötland teils in der Gegend von Norrköping eingesammelt worden.

Es ist nicht unwahrscheinlich dass die von PACKARD beschriebene Achorutes nivicola, die er meiner Ansicht nach aus guten Gründen mit FITCH's Podura nivicola gleichstellt, keine andere als obige Art sei. Ich finde eine Bestätigung teils in seiner Beschreibung, wo es unter Anderem heisst: Elater short and broad, the two fingershaped joints about twice as long as thick; second joint very minute, consisting of a thin lob rounded at tip and a little edge and with a prominent spine at base; two hairs on inside of basal joints. Dark lead color, teils auch in dem massenhaften Vorkommen des Tieres auf dem Schnee.

### Achorutes Trybomi n. sp. (Taf. VII. Fig. 9, 10.)

*Latus. Unguiculus inferior adest. Unguiculus superior permagnus. Mucrones furcula crassi non convergentes. Spinae anales parvae fere rectae. Pili clavati in tibiis nulli. Long 1 mm.*

Ähnelt in Bezug auf den Bau der Furcula Achorutes viaticus TULLBERG, denn die Mucrones haben ungefähr dieselbe Form. Sie sind doch nicht convergierend sondern grade nach unten gerichtet oder eher etwas abstehend. Was aber A. Trybomii vollständig von A. viaticus isoliert, ist die Bildung der *Extremitäten*. Die Krallen sind nämlich unverhältnissmässig gross, fast doppelt so gross als bei A. viaticus. Schliesslich sind die Tibien bei A. viaticus mit drei langen pili clavati versehen, die bei der arktischen Art ganz fehlen. Die *Analpapillen* sind klein, fast grade. Die *Körperform* ist breiter als bei A. viaticus, doch die Farbe dieselbe.

Die Vegaexpedition erhielt diese Art massenhaft auf der Preobrascheni-Insel in der Chatangabucht.

### Achorutes manubrialis Tullberg.

*Unguiculus inferior adest. Dentes furculæ, manubrio breviores, vix duplo longiores quam mucrones, qui graciles sunt. Spina analis perparva. Long 1 mm.*

1872 Achorutes manubrialis. Tullberg, Sveriges Podurider p. 51.

Unter Holzstücken auf verschiedenen Stellen in Upland jedoch spärlich (Tullberg). Mir ist es niemals gelungen sie zu finden.

Bekannt aus Finnland (Reuter) und England (Brook).

### Achorutes armatus Nicolet.

*Unguiculus inferior adest. Dentes furculæ crassi, duplo longiores quam mucrones. Spina analis maxima. Long 1 mm.*

| 1841 | Podura | armata | Nicolet, Rech. p. serv. à l'hist. des Pod. p. 57. |
| | Achorutes armatus | | 1872 Tullberg, Sveriges Podurider p. 51. |
| 1872 | | marmoratus | Packard Jr. Fifth. ann. rep. of the Trust. of the Peab. Acad. of Science p. 30. |

Massenhaft in Sägespänhaufen auf Gotland und in Upland, auch im Seetang auf Gotland (Tullberg). Ich habe ihn mehrfach in Upsala beim Schöpfen in kleineren Gewässern angetroffen, so auch in Bohuslän auf einer Agaricus-Art, ferner in Jämtland auf einem Wiesenabhang im Dorf Klocka am Ufer des Annsees.

Ein einziges Individuum von Wellistafjäll 800 M. ü. d. M. Habe sie auch in Treibhäusern zu Stockholm gefunden.

Die Jenisejexpedition 1876 erhielt ein Stück auf den Nikandrowschen Inseln und ein Mehrzahl 20 verst im Norden von Selivaninskoj in einem Pilze. Tullberg erwähnt die Art von Grönland.

Wird ausserdem verzeichnet aus Finnland (Reuter), England (Lubbock), Deutschland, Bremen (Poppe), Schlesien (in Steinkohlgruben) (Schneider), Oestreich, Tirol (ein Stück in einem feuchten Baumschwamme) (v. Dalla Torre), der Schweiz (Nicolet), Italien (Parona), N. Amerika (Packard Jr), Kalifornien (Aretor) und Sumatra, am Ufer des Sees von Manindjau (Oudemans).

### Achorutes navicularis n. sp. (Taf. VII. Fig. 11, 12.)

*Unguiculus inferior adest. Mucrones furculæ excavati. Spina analis perparva recta. Long 1 mm.*

In der Farbe ähnelt das Tier sehr Achorutes armatus Tullberg. Es hat nämlich eine dunkelrothbraune, netzartige Zeichnung auf hellerem Grunde. Der Rücken ist abwechselnd mit kurzen und langen Haaren bekleidet und diese stehen fast grade auf. Die *Tibien* sind mit einem langen keulenförmigen Spürhaar versehen, das äusserst fein und schwer zu entdecken ist. Der *Tarsus* besteht aus einer mit einem Zahn versehenen Oberkralle und einer gut entwickelten Unterkralle mit fadenähnlich ausgezogener Spitze. Der Manubrialteil der *Furcula* ist kurz doch sehr breit, die Dentes sind kurz und dick, ungefähr $^1/_2$ länger als die Mucrones, die ein besonders charakteristisches Aussehen haben. Sie sind nämlich bootförmig und auf der konkaven Seite sieht man zwei schwach gerundetete, dünne Chitinlamellen. Spinæ anales sind klein und grade, an diejenigen der Gattung Xenylla Tullberg. erinnernd, etwas rückwärts gebogen und stehen auf fast unmerkbaren Papillen.

Mehrere Exemplare dieser gut gekennzeichneten Art fand die Jenisejexpedition 1876 in Sibirien bei Tolstonosovskoj.

### Achorutes rufescens (Nicolet).

*Unguiculus inferior adest. Dentes furculæ crassi, subclavati, mucrones gracillimi. Spinæ anales perparvæ. Long $^2/_3$ mm.*

1841 Podura rufescens Nicolet, Rech. p. serv. a l'Hist. des Podur. p. 57.
Achorutes 1872 Tullberg, Sveriges Podurider p. 51.

Ein mal in Schonen gefunden (Tullberg). Habe sie niemals angetroffen. Wird aus England (Lubbock) und aus der Schweiz (Nicolet) erwähnt.

### Achorutes purpurascens Lubbock.

*Unguiculus inferior adest. Dentes furculæ duplo vel triplo longiores quam mucrones, acuminati. Spinæ anales non longiores quam papilla, quæ magna fere semiglobosa sunt. Long 2 mm.*

1868 Achorutes purpurascens Lubbock, Notes on the Thys. P. III. p. 302.
1872 Tullberg, Sveriges Podurider p. 51.

In Upland, Södermanland und auf Gotland unter Holzstücken in der Nähe von Viehställen spärlich angetroffen (Tullberg). Diese Art ist in Jämtland der allgemeinste Repräsentant der Familie der Lipuriden. Kommt unter allerlei auf der Erde liegenden Gegenständen vor als Ziegelsteinen, Holzstücken, Zweigen u. s. w. Findet sich in der Kiefernregion bis hinauf zu 1413 M. ö. d. M.

Bekannt aus Finnland (Reuter), England (Lubbock), Deutschland (Reuter), Oestreich, Tirol (v. Dalla Torre), Ungarn (Tömösváry) und Italien (Parona).

### Achorutes Tbeelii Tullberg.

*Unguiculus inferior adest. Mucrones furculæ acuminati, non convergentes. Spinæ anales perparvæ, rectæ, papillis inter se propinquis breviores. Long 2 mm.*

1876 Achorutes Theelii. Tullberg, Collembola borealia p. 38.

Steht A. purpurascens Lubbock zunächst, von welchem er durch das Aussehen der spinæ anales leicht unterschieden werden kann. Diese sind bei obiger Art ganz gerade, bei A. purpurascens Lubbock hingegen vorwärts gebogen.

Die Jenisejexpedition 1875 erhielt diese Art auf Novaja Semlja bei dem Umgebungen der Möller-bay.

### Achorutes dubius Tullberg.

*Unguiculus superior adest. Mucrones furculæ graciles acuminati, non convergentes. Spina analis preparva, arcuata, papillis inter se propinquis affixa. Long 2 mm.*

1876 Achorutes dubius, TULLBERG, Collembola borealia p. 38.

Wird von voriger hauptsächlich durch die sehr kurze Mucronalsegmenten verschieden. Übrigens ist die Körperfarbe reticuliert da A. Theelii TULLBERG ganz tiefblau ist. Wurde während der Jenisejexpedition 1875 in Sibirien bei Kap Jefremow Kamen, Kap Krestowskoj, Kap Sapotschnaja korga, Dudino, Goroschiskoj und Vorogova sammt auf Novaja Semlja bei Matotschkin Scharr eingesammelt.

### Achorutes ununguiculatus Tullberg.

*Unguiculus inferior nullus. Dentes furculæ acuminati et dupla vel tripla longiores quam mucrones. Spina analis parva, breviores quam papilla. Long 1 mm.*

1872 Achorutes ununguiculatus, TULLBERG, Sveriges Podurider p. 32.

Ein Mal unter der Rinde eines Baumes in Upsala gefunden (TULLBERG). Ausserhalb Schwedens nur aus Finnland bekannt (REUTER).

### Achorutes inermis Tullberg.

*Unguiculus inferior nullus. Dentes furculæ mucronibus acuminatis vix dupla longiores. Spina analis desunt. Long 1 mm.*

1872 Achorutes inermis, TULLBERG, Sveriges Podurider p. 32.

Nur ein Mal auf einem Moor in einem Wäldchen bei Upsala gefunden (TULLBERG). Findet im Auslande keine erwähnung.

## Gen. XVII. XENYLLA Tullberg.

### Xenylla maritima Tullberg.

*Undique pruinosa. Dentes furculæ cum mucronibus longitudinem tibiæ æquantes. Spina analis parva, papillis latis affixa. Long $1^1/_2$ mm.*

1872 Xenylla maritima, TULLBERG, Sveriges Podurider p. 32.

Auf den verschiedenartigsten Stellen gefunden, ein Mal Schaarenweise auf einer Stallwand in Schonen, ein ander Mal in einem Rinnstein in Filipstad, übrigens im Seetang auf Gotland und in Bohuslän, teils im nördlichen Upland beim Schöpfen am Seeufer, teils in Jämtland unter der losen Rinde von Baumstümpfen angetroffen.

Bekannt aus Finnland (REUTER), Deutschland (REUTER), England (LUBBOCK) und Kalifornien (AUCTOR).

### Xenylla brevicauda TULLBERG.

*Undique pruinosa. Furcula perpetrva; dentes vix longiores quam unguiculi. Spinae anales papillis gracilibus affixae. Long 1 mm.*

1872 Xenylla brevicauda. TULLBERG, Sveriges Podurider p. 53.

Bei Upsala und auf Gotland gefunden (TULLBERG). Ich habe sie in Bohuslän unter der Rinde von Crataegus erhalten. Ausserhalb Schwedens nur in Finnland bekannt (REUTER).

### Xenylla nitida TULLBERG.

*Undique nitida. Furcula perpetrva; dentes vix longiores quam unguiculi. Spinae anales papillis gracilibus affixae.*

1872 Xenylla nitida, TULLBERG, Sveriges Podurider p. 53.

Nur in Schweden (TULLBERG). Habe sie niemals gefunden.

### Gen. XVIII. ANUROPHORUS (NICOLET).

#### Anurophorus laricis NICOLET.

*Ocelli 16; 8 in utroque latere capitis. Desunt spinae anales, organum postantennale, unguiculus inferior et furcula. Atrocaerulea. Long 1 mm.*

1841 Anurophorus laricis   NICOLET, Rech. p. serv. a l'Hist. des Podur. p. 53.
1872 TULLBERG, Sveriges Podurider p. 53.

Findet sich unter Baumrinde in Upland und unter Moos in den Nadelwäldern auf Gotland (TULLBERG). Ist ziemlich allgemein in Bohuslän und Jämtland. Auf dem Mullfjäll fand ich sie oberhalb der Baumgrenze 800 M. ü. d. M.

Mehrere Exemplare aus Sibirien (der Jenisejexpedition 1876).

Übrigens bekannt aus Finnland (REUTER), England (LUBBOCK), Schottland (REUTER), Frankreich (bei Remiremont in den Vogesen) (REUTER), der Schweiz (NICOLET), Oestreich, Tirol (v. DALLA TORRE), Deutschland, Böhmen (UZEL), Ungarn (TOMOSVARY) und Italien (PARONA).

### Gen. XIX. LIPURA BURMEISTER.

#### Lipura ambulans (LINNÉ) (NICOLET).

*Tumores utriusque organi postantennalis 12–14. Puncta oelligerunt in basi utriusque antenna 2. Spinae anales magnae, arcuatae. Long 2 mm.*

1758 Podura ambulans.    LINNÉ, Syst. Nat. Ed. X. P. I, N:o 1170 (ad partem).
1841 Anurophorus fimetarius. NICOLET, Rech. p. serv. a l'Hist. d. Podur. p. 53.
1872 Lipura ambulans.    TULLBERG, Sveriges Podurider p. 55.

In Upland gefunden (TULLBERG). Ich habe sie nur spärlich in Bohuslän und Jämtland angetroffen.

Bekannt aus Finnland (REUTER), England (LUBBOCK), der Schweiz (NICOLET, PACKARD JR), Deutschland (BURMEISTER, PACKARD JR), Ungarn (TOMOSVÁRY) und Italien, Ligurien (PARONA).

### Lipura armata TULLBERG.

*Tumores utriusque organi postantennalis 25—30. Puncta ocelliformia in basi utriusque antenna 3. Spinæ anales magnæ arcuatæ. Long $1^{1}/_{2}$ mm.*

1872 Lipura armata. TULLBERG, Sveriges Podurider p. 56.

In Schweden äusserst allgemein in Gärten und auf Blumentöpfen in Upland und Schonen (TULLBERG). Kommt häufig in Jämtland vor und geht hinauf bis zu einer Höhe von 1400 M. ü. d. M.

Die Jenisejexpedition 1875 erhielt diese Art in Sibirien bei Vorogova. TULLBERG giebt sie auch von Grönland an.

Übrigens bekannt aus Norwegen (SCHÖYEN), Finnland (REUTER), England (LUBBOCK), Deutschland, Böhmen (UZEL) und Oestreich, Tirol (v. DALLA TORRE).

### Lipura arctica TULLBERG.

*Organa postantennalia tumoribus octodeviginta suborbibus composita. Basis antennarum punctis ocelliformibus tribus instructa. Unguiculus inferior unguiculo superiore non brevior, fere filiformis. Spinæ anales magnæ paullo arcuatæ. Long $3^{1}/_{2}$ mm.*

1876 Lipura arctica. TULLBERG, Collembola borealia p. 39.

TULLBERG bemerkt, dass die Anzahl der Tumores organorum postantennalium dieser Art Variationen unterworfen sind, was durch die von mir untersuchten Individuen auch bekräftigt wird. Die Farbe des Tieres geht oft ins Rotgelbe; ein Individuum ist ganz orangengelb.

Diese Form wurde während der Jenisejexpedition 1875 in Sibirien bei Dickson's Hafen, Kap Jefremow Kamen, Kap Schajtanskij, im Süden von Troïtskoj und in der Stadt Jenisejsk gefunden, auf Novaja Semlja bei Matotschkin Scharr, L. Karmakul-bay, Möller-bay, N. Gusinnoi Kap, S. Gusinnoi Kap sammt bei Kap Grebeni in der Waigatsch-Insel. Die Vegaexpedition erhielt einige Stück im Tschuktsch-Lande bei Irkajpi und St. Lawrence-bay. Wurde auch von Spitzbergen durch TULLBERG verzeichnet.

### Lipura octo-punctata Tullberg.

Organa postantennalia tumoribus tribus et triginta subocellibus composita. Basis antennarum punctis ocelliformibus quattuor instructa. Unguiculus superior dent. unico perspicuo armatus. Spinae anales parvae, vix arcuatae. Long $2^{1}/_{2}$ mm.

1876. Lipura octo-punctata, Tullberg, Collembola borealia p. 38.

Ein einziges Individuum wurde während der Jenisejexpedition 1875 in Sibirien bei Dudino gefunden. Die Jenisejexpedition 1876 erhielt ein Mehrzahl Exemplare in Sibirien bei Tschulkova und die Vegaexpedition ein Individuum im Tschuktsch-Lande bei Irkajpi.

### Lipura sibirica Tullberg.

Organa postantennalia tumoribus decem vel undecim subocellibus composita. Basis antennarum puncto ocelliformi unico instructa. Unguiculus inferior unguiculo superiori haud vel paullo brevior. Spinae anales arcuatae, robustae spatio interjacente breviores. Long 2 mm.

1876 Lipura sibirica. Tullberg, Collembola borealia p. 40, 41.

Von dieser durch den Bau ihrer Organa postantennalia gut characterisierte Art wurden während der Jenisejexpedition 1875 mehre Exemplare in Sibirien bei Kap Sapotschnaja Korga, Kap Gostinoj, auf der Sapotschnoj-Insel, bei Dudino, Verschininskoj und im Süden von Troïtzkoj eingesammelt. Die Jenisejexpedition 1876 erhielt einige Individuen auch bei Verschininskoj.

### Lipura groenlandica Tullberg.

Tumor utriusque organi postantennalis unicus. Basis antennarum punctis ocelliformibus tribus instructa. Spinae anales graciles, leviter arcuatae. Long $1^{1}/_{2}$ mm.

1876 Lipura groenlandica, Tullberg, Collembola borealia p. 41.

Auf Grönland und den Spitzbergen gefunden (Tullberg).

### Lipura inermis Tullberg.

Tumores utriusque organi postantennalis 14. Puncta ocelliformia in basi utriusque antennae 2. Spinae anales nullae. Long 1 mm.

1872 Lipura inermis. Tullberg, Sveriges Podurider p. 55.

In Sveriges Podurider spricht Tullberg seine Bedenken hinsichtlich einer Gleichstellung obiger Art mit der in der Litteratur unter dem Namen Lipura fimetaria bekannten aus, und nach der von Lubbock in seinem Monograph etc. gegebenen ausführlichen Beschreibung der letzteren Art zu urteilen, scheinen mir Tullberg's Zweifel guten Grund zu haben. Lubbock scheint nämlich wirklich eine Lipura ohne Analdornen gefunden zu haben, deren Postantennalorgan aus sixteen elevations besteht, die so verteilt sind, dass man only eight on each side hat. Mir scheint es ausser allem Zweifel, dass man hier grade vor der unbewaffneten Form steht, bei welcher NICOLET als wichtiges Kennzeichen 16 Augen angegeben hat.

Obgleich eine kritische Ausforschung der Litteratur inbetreff vorliegender Gattung mit ihren äusserlich so nahestehenden Arten als eine ganz vergebliche Arbeit bezeichnet werden muss, kann ich doch nicht unterlassen hier darauf hinzuweisen, dass PARONA meines Erachtens uneigentlich verfährt, wenn er LUBBOCK als den Auctor für L. fimetaria anführt. Wahr ist es freilich, dass LUBBOCK die Art ohne Auctorsnamen anführt, aber anderseits identificiert er dieselbe mit LINNÉ'S Podura fimetaria weshalb also dem Namen des letzteren die Ehre gebührt. Ferner sieht man oft in der Litteratur Podura fimetaria SCHRANK als synonym mit LINNÉ'S gleichnamiger Art stehen. Aus SCHRANK'S Beschreibung lassen sich indessen keinerlei Schlussfolgerungen ziehen. Alles was wir hier erfahren beschränkt sich auf Folgendes: Nichts ist gemeiner als das gegenwärtige Insekt und dennoch hat sich noch Niemand die Mühe genommen es abzuzeichnen. Man darf nur die Gartenerde ein wenig wegkratzen, man darf nur die Blumenstöcke, die man am Fenster hat begiessen, so findet man ihn in Menge. Es wäre daher unnütz eine ausführliche Beschreibung von diesem Insekte zu machen. So viel ist genug: Es ist eine Linie lang, weiss, ohne sichtbare Augen und ohne Springschwanz.

Wollte man aber über das Vorkommen des Tieres nach den gegebenen Auskünften des Verfassers Vermuthungen ausstellen, so müsste man meines Erachtens zu Lipura armata TULLBERG kommen.

Einige wenige Exemplare unter Holzstücke in Upland (TULLBERG). Ich habe sie in der Gegend von Stockholm gefunden.

Ausserhalb Schwedens wurde diese Art verzeichnet von Finnland (REUTER), ?Deutschland, Böhmen (UZEL), ?Italien (PARONA), Sumatra (OUDEMANS) und Kalifornien (AUCTOR).

### Gen. XX. ANURIDA LABOULBÈNE.

Die Gattung Anurida ist von Alexandre LABOULBÈNE aufgestellt worden. In Ann. de la Soc. Ent. de France Tome IV, 1864. p. 705 beschreibt er eine Art derselben, die er maritima nennt. Seine Diagnose über die Gattung hat folgenden Wortlaut: Corps allongé un peu dilaté en arrière, peu velu et non pourvu de gros mamelons. Antennes de quatre articles a peu près egaux, plus courtes que la tête. Stemmates visibles, en nombre de cinq. Bouche pourvue de mandibules et de machoires. Pas d'organe retractile abdominal. Pas d'organe saltatoire ni de rainure ventrale. Pattes courtes, terminées par un seul ongle. Die Hauptmerkmale der Art fasst er folgendermassen zusammen: Plumbea, velutine caerulescens albido pilosa; stemmatibus quinque nigris; tarsis albicantibus. Longitudo bis tertiam lineae partem usque ad lineam aut paullulo excedit ($1^5$, a 2 mm. $\AA$ 2 a $2^1$, et $2^1{}_2$ mm. $\mathcal{O}$). TULLBERG hat in: Sveriges Podurider eine Form unter dem Namen Anurida granaria beschrieben, die er NICOLET'S Anoura granaria gleichstellt.

Ocellen fehlen derselben, doch kann sie zweifellos LABOULBÈNE's Form an die Seite gestellt werden und zwar wegen der charakteristischen Bildung der Mundteile und wegen des Aussehens der Postantennalorgane. Infolge der grösseren Ausdehnung, welche TULLBERG der Gattung Anurida giebt, wird seine Diagnose folgende: Organa postantennalia circularia. Ocelli 10 aut nulli. Antennae conicae articulo quarto gracillimo. Desunt puncta ocelliformia, unguiculus inferior, furcula et spinae anales.) Mundteile unvollständig. Doch ist die Reduktion nicht so weit vorgeschritten wie bei den Gattungen Pseudachorutes TULLBERG und Triaena TULLBERG.

### Anurida maritima LABOULBÈNE. (Taf. VII. Fig. 13—15.)

*Tumores utriusque organi postantennalis 7—8. Ocelli 10; 5 in utroque latere capitis. Long 2—3 mm.*

1864 Anurida maritima      LABOULBÈNE. Ann. Soc. Ent. Fr. T. IV. p. 705.
Lipura      1873 LUBBOCK. Monograph of the Coll. and Thys. p. 193.

Auf jeder Seite des Kopfes sind 5 Ocellen, deren Verteilung auf der Abbildung zu ersehen ist. Unmittelbar vor denselben hat das *Postantennalorgan* oder wie LABOULBÈNE sich ausdrückt: organe antéoculaire ou postemmatique seinen Platz. Es ist bei dem ausgewachsenen Tier: composé de sept espaces ovoïdes arrondis très noirs, entourés chacun d'une fine ligne claire et laissant à leur centre commun une partie claire à leur sommet interne. Aprés avoir enlevé la teinte pigmentaire noire on remarque un petit cercle clair et arrondi. Weiter unten in seinem Aufsatz bestimmt er die Anzahl der cercles rapproches bei dem ausgewachsenen Tier auf 7, welche Zahl doch leicht überschritten werden kann, er hat sogar bei demselben Individuum 7 bei dem einen und 8 bei dem andern angetroffen. Das Organ vergleicht er treffend mit der Frucht einer Malve. Am Endglied der Antennen habe ich bei allen von mir untersuchten Exemplaren eine erhabene, sternförmige Chitinbildung angetroffen (siehe die Abbildung!); wegen ihrer Lage wollte ich sie *Antennalorgan* nennen. LABOULBÈNE erwähnt nichts von einer solchen Bildung, nichtsdestoweniger halte ich aber die von mir gefundene Art für identisch mit der von ihm beschriebenen, da alle Hauptmerkmale gut übereinstimmen. *Furcula* und *spinae anales* fehlen gänzlich. Nach einem Verfasser JOHN A. RYDER, der die Entwickelung vorliegender Form beschrieben, soll das junge Tier gleich nach seinem Austritt aus dem Ei eine rudimentäre Hüpfgabel auf dem vierten Abdominalsegment besitzen, die sich aber bald reduciert und schliesslich ganz verschwindet. Die *Extremitäten* haben keinen unguiculus inferior aber kräftig entwickelte Oberkralle. Bei scharfer Stellung des Mikroskops kann man auf derselben einen äusserst feinen Zahn wahrnehmen. Unmittelbar über dem Krallenglied sitzt ein langes Haar, das aber keine Anschwellung an der Spitze hat. Hiermit habe ich die Hauptmerkmale in Kürze erwähnt und weise für das Übrige auf LABOULBÈNES verdienstvollen Aufsatz hin.

Ich habe Anurida maritima in Bohuslän auf Klippen im Meer schaarenweise in Bergritzen angetroffen. Bei ruhigem, sonnigem Wetter verliess das Tier seinen Versteck und kam in grosser Anzahl aus Licht. LABOULBÈNE sagt, dass ihre Nahrung aus Mollusken besteht; als Stütze fügt er folgende Beobachtung an: lorsque j'ecrasais un de ces mollusques pendant mes chasses, je voyais au bout de cinq ou six minutes un bon nombre d'Achorutes qui se réunissaient sur cette proie, et par ce moyen je pouvais en prendre jusqu'à une douzaine à la fois. Also würde Anurida maritima eine Ausnahme von den übrigen Collembola machen, die nach allgemein geltenden Ansichten ihre Nahrung aus in Verwesung übergegangenen Tier- und Pflanzenteilen suchen. Wahrscheinlicher erscheint es nur, ihr massenhaftes Auftreten auf der Lockspeise als reinen Zufall oder instinktartiges Untersuchen des Materials und nicht als eigentliche Mahlzeit zu betrachten. Ich sah oft wie das eine Individuum nach dem andern aus seinem Versteck hervorkam und sich nach einem nabeliegenden Bach mit salzigem Wasser, der sich nach dem Sturm in den Felsenhöhlungen gebildet, begab. Am Ufer angelangt, gingen sie ohne Zaudern aufs Wasser und bald war die Oberfläche desselben ebenso von diesen kleinen Wesen belebt wie das umgebende Gestein. Sie zeigten grosse Gewandtheit sich auf dem Wasser zu bewegen, wobei die Fähigkeit ihrer Haut das nasse Element zu neutralisieren, ihnen Sicherheit gewährte. Dass grade betreffende Form diese Eigenschaft in hohem Grade besitzt behauptet schon LABOULBÈNE indem er sagt: L'anurida maritima est certainement l'insecte le plus difficile a mouiller que j'aie vu jusqu'à présent. Er experimentierte mit mehreren Flüssigkeiten wie Glycerin, Terpentin, Essigsäure u. s. w. und kam zu dem Resultat: L'eau douce ou salée n'adhère en aucun point du corps, aber L'ether est de tous liquides celui qui mouille le mieux le corps de l'insecte.

Ich habe an dreissig Individuen in einer Länge von 2—3 mm. Alle sind in Bohuslän gefangen auf einer Klippe im Väderöfjord, Eggran benannt, die etwa eine Seemeile von Grebbestad entfernt ist.

Findet in der ausländischen Litteratur Erwähnung nur aus England (LUBBOCK) Frankreich (LABOULBÈNE) und N. Amerika (PACKARD Jr).

### Anurida Tullbergi SCHÖTT. (Taf. VII. Fig. 17, 18.)

*Organa postantennalia irregularia. Tumores utriusque organi 24—28. Ocelli 10; 5 in utroque latere capitis. Long 2—2,5 mm.*

1892 Anurida Tullbergi, SCHÖTT. Entom. Tidsk. Stockholm. p. 192.

Diese besonders gut charakterisierte Art scheint nur ein Vermittlungsglied zwischen A. granaria (NICOLET) und A. maritima LABOULBÈNE zu bilden. Mit jener zeigt es Übereinstimmung in Bezug auf den Bau des *Postantennalorgans*; es ist aus einer Reihe dicht an einander sitzender Stäbchen gebildet, durch deren Mittelpunkte ein Ring geht, der bei A. granaria (NICOLET) cirkelrund, bei vorliegender Gattung hingegen unregelmässig elliptisch und am oberen Rande mit einer schwachen am unteren mit einer besonders scharfen Konkavierung versehen ist. Die Anzahl der Stäbchen beträgt bei A. Tullbergi nach der Diagnose 24—28, ist also Variationen unterworfen. Beide Zahlen stammen von demselben Individuum. Bei A. granaria (NICOLET) sind nur 12—14 Stäbchen vorhanden. Ausser der Verschiedenheit der Formen, die sich in abweichender Anzahl der tumores organi postantennalis ausspricht, sehen wir auch eine solche in Bezug auf die *Ocellen*. Bei A.

Tullbergi sind sie 10, 5 auf jeder Seite, bei A. granaria (Nicolet) fehlen sie gänzlich. Die betreffende Art stimmt hinsichtlich der Anzahl der Ocellen mit Laboulbène's A. maritima überein. Dagegen ist der Bau des Postantennalorgans bei A. maritima Laboulbène ein ganz anderer, indem man hier 7 kreisrund geordnete, kegelförmige Stäbchen hat, die mit dem schmäleren Ende nach dem Centrum des Organs gerichtet sind. Jedes Stäbchen besitzt abwärts einen kleinen Ring. Die Kralle der *Extremitäten* hat keinen Zahn. Die blauschwarze *Farbe* des Tieres zeigt sich bei starker Vergrösserung und darauffallendem Licht netzartig auf dem weisslichen Grunde verteilt. Die dunkle Farbe überwiegt bei weitem die helle, welche stärker auf der ventralen als auf der dorsalen Seite hervortritt. Ich habe die Form im nördlichen Upland bei Löfsta in einem kleineren Gewässer gefunden. Sie zeigt also ungefähr dieselbe Lebensweise wie A. maritima Laboulbène, die ich jedoch nie in Süsswasser angetroffen habe.

Diese Art ist auch in Finnland gefunden (Reuter).

### Anurida granaria (Nicolet).

*Tumores utriusque organi postantennalis 12—14. Ocelli nulli. Long 1 mm.*

1847 Anoura granaria   Nicolet, Ess. sur une classif. de l'Ordre des. Thys. p. 387.
     Anura    1872 Tullberg, Sveriges Podurider. p. 56.

In Upland, Södermanland und auf Gotland gefunden (Tullberg).

Während der Vegaexpedition wurden sieben Stück dieser Art in Tschuktsch-Lande bei Pitlekaj eingesammelt.

Ausserdem verzeichnet aus England (Lubbock), Frankreich (Nicolet), Deutschland, Böhmen (Uzel) und Oestreich, Tirol (v. Dalla Torre).

Ausser den eben erwähnten Arten der Gattung Anurida kennt man noch eine, die unter dem Namen A. crassicornis von Reuter in N:o XXXVII des Scottish Naturalist beschrieben steht. Der Verfasser sagt von dieser Art: Very like and allied to Anurida maritima (Guerin) Laboulbène but differing by its much shorter and thicker antennae, by the structure of the head and lastly also by the more robust body.

### Gen. XXI. TRIÆNA Tullberg.

#### Triæna mirabilis Tullberg.

*Pallide cinerea-caralea. Organa postantennalia nulla. Ocelli 16; 8 in utroque latere capitis. Antenna conica, articulo quarto gracillimo. Unguiculus inferior nullus. Furcula purpurea, dentibus papilliformibus. Spinæ anales 3. Long 1½ mm.*

1872 Triæna mirabilis. Tullberg, Sveriges Podurider. p. 57.

Einige wenige Exemplare teils unter Holzstücken bei einem Viehstall in Upland teils unter Seetang auf Gotland angetroffen (TULLBERG). Habe sie niemals gefunden.

BROOK erhielt in England ein Individuum das mit vier analhaken ausgerüstet war.

### Gen. XXII. PSEUDACHORUTES TULLBERG.

#### Pseudachorutes subcrassus TULLBERG.

*Pallide cinereo-coeruleus. Corpus subcrassum, non tuberculatum. Instrumenta cibaria ad sugendum accommodata. Ocelli 16; 8 in utroque latere capitis. Antennæ conicæ, articulo quarto gracillimo. Unguiculus inferior nullus. Furcula ad tubum ventralem non pertinens. Spinæ anales nullæ. Long $1\frac{1}{2}$ mm.*

1872 Pseudachorutes subcrassus, TULLBERG, Sveriges Podurider p. 57.

Nur einige Exemplare auf Gotland in einem Sägespänhaufen gefunden (TULLBERG). Von Herrn Prof. O. M. REUTER habe ich ein Individuum aus Finnland bekommen. Diese Form findet in dem ausländischen Litteratur keine Erwähnung.

### Gen. XXIII. ANURA GERVAIS.

#### Anura muscorum TEMPLETON.

*Organa postantennalia absunt. Ocelli in utroque latere capitis 3. Long 2 mm.*

1872 Anura muscorum, TULLBERG, Sveriges Podurider p. 58.
? 1873 " gibbosa, PACKARD JR, Fifth. ann. rep. of the Trust. Peab. Acad. of Science p. 27.

In dem Aufsatz Bristle-tails and Spring-tails erwähnt PACKARD a common species of Anura found under stones between tide marks at Nantucket. Der detailfigur, welcher vom Verfasser geliefert worden ist, weist jedoch unzweifelhaft auf Anurida LABOULBÈNE und gar nicht auf Anura GERVAIS hin. Hingegen glaube ich obige Form in PACKARD's Anura gibbosa wiederzufinden.

Ziemlich allgemein in Upland, Södermanland und auf Gotland (TULLBERG). In Bohuslän und Jämtland trifft man die Form häufig unter altem Laub, unter Holzstücken und der Rinde alter Bäume an.

Wurde während der Jenisejexpedition 1875 in Finnmarken auf der Renö und in Sibirien bei Dudino gefunden; während der Expedition 1876 in Sibirien bei dem Einfluss Podkamenaja Tunguska's in Jenisej und bei Tolstonosowskoj.

Übrigens verzeichnet aus Norwegen (TULLBERG), Finnland (REUTER), England (LUBBOCK), Irland (TEMPLETON), der Schweiz (NICOLET), Deutschland, Böhmen (UZEL), Oestreich, Tirol (V. DALLA TORRE), Ungarn (TÖMÖSVÁRY), Italien (PARONA) und ? N. Amerika (PACKARD JR).

### Anura gigantea Tullberg.

*Organa postantennalia adsunt. Ocelli in utroque latere capitis quinque. Long 5 mm.*

1876 Anura gigantea, Tullberg. Collembola borealia. p. 44.

Während der Jenisejexpedition 1875 in Sibirien bei Kap Jefremow Kamen, Kap Sapotschnaja Korga, Kap Gostinoj, auf der Briochaff-Insel, auf der Sapotsahtnoj-Insel, bei Chantajskoj, Werschininskoj, Goroschiskoje, Surgutskoj und Vorogova und während der Expedition 1876 auf den Nikandrowschen Inseln gefunden. Die Vegaexpedition erhielt diese Art in mehreren Exemplaren im Tschuktsch-Lande im Süden von Pitlekaj, auf Hvitön und im Dorfe Nunamo in der Nähe von St. Lawrence bays Mündung.

## Liste der Titel der von mir benutzten Arbeiten.

AUSSERER, A., Über das Massenhafte Auftreten einer Poduride (Achorutes sp.) in Aussee anfangs Marz 1884 (Mittheil. d. Naturw. Vereins Steiermark 1884).
BELING, TH., Kleiner Beitrag zur Naturgeschichte der Land- und Gartenwirthschaft schadlichen Insecten (Wien. Ent. Zeit. jahrg. VI, Heft. 2, 1887).
BOHEMAN, C. H., Spetsbergens Insekt-Fauna (Öfvers. af Kongl. Vet. Akad:s Förhandl., Arg. XXII. Stockholm 1866).
BOURLET, Memoire sur les Podures (Mém. Soc. des Sciences de l'Agricult. de Lille T. I, 1839).
— Memoire sur les Podurelles (Extrait de Memoires de la Soc. Roy. et Centr. d'Agricult. Scienc. et Arts du Depart. du Nord, seant a Douai année 1841–42. Douai 1843).
BROOK, GEORGE, On a new Genus of Collembola (Sinella) allied to Degeeria, NICOLET (Extracted from the Linn. Soc. Journal-Zool. Vol. XVI. London 1882).
— Notes on some little-known Collembola, and on the British Species of the Genus Tomocerus (Extracted from the Linn. Soc. Journal-Zool. Vol. XVII. London 1882).
— A Revision of the Genus Entomobrya, Rond. (Degeeria Nic.) (Extracted from the Linn. Soc. Journal-Zool. vol XVII. London 1883).
BURMEISTER, H., Handbuch der Entomologie. Bb II. Berlin 1838.
COLLAN, U., Om förekomsten af en Podurid (Isotoma sp.) i stor mangd på snön i januari 1880 (Meddel. af Soc. pro Fauna et Flora fennica 1881).
FABRICIUS, J. CH., Systema Entomologiæ Flensburg et Lipsiæ 1775.
— Species insectorum Hamburgi et Kilonii 1781.
FABRICIUS, O., Fauna Groenlandica. Hafniæ et Lipsiæ 1780.
FRIES, S., Mittheilungen aus dem Gebiete der Dunkelfauna (Zool. Anzeiger N:o 24, 1879).
DE GEER, CH., Rön och observationer öfver små insekter, som kunna häppa i högden (Vetensk. Acad. Handl. 1740, Vol. 1).
— Beskrifning på en insekt kallad Podura fusca globosa nitida, antennis longis articulis plurimis (Vetensk. Akad. Handl. Vol. IV, 1743).
— Experimenta et observationes de parvulis insectis, quibus Podura nomen est (Acta Soc. Scient. Ups. Stockholmiæ 1744).
GEOFFROY, E. L., Histoire abrégée des insectes qui se trouvent aux environs de Paris. T. II. Paris 1762.
GIARD, A., Sur un nouveau Genre de Collembola Marin et sur l'espèce type de ce Genre Actaletes Neptuni Gd. (Le Naturaliste II, Année 1889, Ser. 2, N:o 53.
HALLER, G., Entomologische Notizen (Mittheil. der Schweiz. Ent. Ges. Red. von Dr. Gust., Stierlin. Vol. VI, Heft. 1. Schaffhausen 1880).
— Miscellanea arthropodologica II. Lubbockia ein neues Anurophorengenus. (Zeitschr. für die gesammten Naturwissenschaften. Dritte Folge. Bd V, 1880.)
JOSEPH, G., Systematisches Verzeichniss der in den Tropfsteingrotten von Krain einheimischen Arthropoden nebst Diagnosen der vom Verfasser entdeckten und bisher noch nicht beschriebenen Arten. (Berliner Entomologische Zeitschrift Bd XXVI, Heft. 1, 1882.)
LABOULBÈNE, A., Recherches sur Anurida maritima. (Ann. Soc. Ent. Fr. ser. IV. T. IV, 1865.)
v. LINNÉ, C., Animalia per Sveciam observata. (Acta literaria et Scientiarum Sveciæ. Upsaliæ 1736.)
— Systema Naturæ. Ed. II Holmiæ 1740.
— Fauna Svecica. Ed. I. Stockholmiæ 1746.
— Systema Naturæ. Ed. X. Holmiæ 1758.
— Fauna Svecica. Ed. II Stockholmiæ 1761.
— Systema Naturæ. Ed. XII. T. I. P. 2. Holmiæ 1767.
— Systema Naturæ. Ed. XIII aucta, reformata. Cura J. F. GMELIN 1788–93, T. I P. 6.

LUBBOCK, J., Notes on the Thysanura. Part. I, II. (Transact of the Linn. Soc. vol. XXIII, 1862.)
— Notes on the Thysanura. Part. III. (Transact. of the Linn. Soc. vol. XXVII, 1868.)
— Notes on the Thysanura. Part. IV. (Transact. of the Linn. Soc. Vol. XXVII, 1870.)
— Monograph of the Collembola and Thysanura. London 1873.
— On a new Genus and Species of Collembola from Kerguelen Island, Tullbergia (An account of the Petrolog. Botan. and Zool. Coll. made in Kerg. an Rod. dur. the Trans. of Ven. exp. carried out etc.) (Philosoph. Trans. of the Roy. Soc. of Lond. Vol. 168, 1879.)
— Orchesella rufescens found in England. (Proc. of the Ent. Soc. Lond. p. XLII, 1879.)
MEGNIN, P., Sur une petite Podurelle parasite sur le cheval. (Ann. Soc. Ent. Fr., T. 8. 3.)
MONIEZ, R., Notes sur les Thysanoures. (Revue biol. du Nord de la France 2:e Année N:o 1, 1889.)
MÜLLER, O. F., Zoologiæ Daniæ Prodromus. Havniæ 1776.
NICOLET, H., Recherches pour servir à l'Hist. des Podurelles. Neuchâtel 1841. (Nouv. Mém. Soc. Helvet. T. IV, 1843.)
— Essai sur une classification des Insectes Aptères de l'ordre des Thysanoures. (Ann. de la Soc. Ent. Fr. ser. 2, T. V, 1847.)
OUDEMANS, J. T., Bijdragen tot de Dierkunde uitgeg. d. h. K. Zoöl. Genootsch. Natura Artis Magistra. 16 Aflevering. Amsterdam 1888.
— Apterygota des Indischen Archipels. (Separat Abdruck aus Zool. Ergebn. einer Reise in Niederl. Ost-Indien herausgeg. von MAX WEBER. Heft. 1. Leiden 1890.)
PACKARD, A. S. JR, Bristle-tails and Spring-tails. (The American Naturalist Vol. V, 1871.)
— Synopsis of the Thysanura of Essex County, Mass., with Descriptions of a few extralimital Forms. (The fifth. ann. rep. of the Peab. Acad. of Science Salem 1873.)
— Fauna of the Luray and Newmarket caves, Virginia. (American Naturalist 1881.)
PARONA, C., Collembola. Saggio di un Catalogo delle Poduridi italiane. (Estratto dagli Atti della Soc. Ital. di scienz. Natur. Vol. XXI. Milano 1879.)
— Di alcune Collembola e Thysanura raccolte dal Professore P. M. Ferrari, con cenno corologico delle Collembola e Thysanura italiane. (Estratto dagli Ann. del. Mus. civ. di Stor. Nat. di Gen. Vol. XVIII. 1882.)
— Sopra alcune Collembola e Thysanura di Tunisi (Materiali per lo studio della fauna Tunisina raccolti da G. e L. Doria). (Estratto dagli Ann. del Mus. civ. di Stor. Nat. di Gen. Ser. 2. Vol. I. 1884.)
— Collembola e Thysanura di Sardegna (Materiali per la Fauna della Sardegna). (Estratto dagli Atti della Soc. Ital. dio scienz. Natur. Vol. XXVIII. Milano 1885.)
— Note sulle Collembole e sui Tisanuri. (Estratto dagli Ann. del Mus. Civ. di Stor. Nat. di Gen. Ser. 2. Vol. VI, 1888.)
— Note sulle Collembola e sui Tisanuri. (Estratto dagli Ann. del Mus. Civ. di Stor. Nat. di Gen. Ser. 2, Vol. VI, 1888.)
POPPE, S. A., Ein neuer Smynthurus aus S. W.-Afrika. (Abh. Naturw. Ver. Bremens IX, 1885.)
REUTER, LINA and O. M., Collembola and Thysanura in Scotland in 1876. (The Scoth. Naturalist 1878, 79.)
REUTER, O. M., Smynthurus Poppei n. sp. (Abh. Naturw. Ver. Bremens 9 Bd, 2 Heft.)
— Catalogus præcursorius Poduridarum Fenniæ.
— Etudes sur les Collemboles. (Acta Soc. Sc. Fenn. XIII, 1880.)
— Tetrodontophora n. g. (subfam. Liparinæ TULLB.). (Aus dem LXXXVI Bande der Sitzb. der K. Akad. der Wissensch. 1 Abth. juli-Heft. 1882.)
— Entomologiska Excursioner under januari 1882 i södra Finland. (Meddel. af Soc. pro Faun et Flor. fenn. IX, 1882.)
— Meddelande. (Meddel. af Soc. pro Faun. et Flor. fenn. d. 2 febr. 1884.)
— Collembola in caldariis viventia. (Meddel. af Soc. Faun. et Flor. fenn. 17, 1890.)
— Podurider fran nordvestra Sibirien samlade af J. R. SAHLBERG. (Öfvers. af Finsk. Vet. Soc. Förh. Bd XXXIII, 1891.)
RIDLEY, H., A new species of Lipura. (The Entomologist's Monthly Magazin Vol. XVII, 1880.)
RYDER, J. A., Description of a new species of Smynthurus. (Proceed. of the Acad. of Nat. Sciences of Philadelphia, Part. III.)
SAY, T., Descriptions of the Thysanura of the United States. (Journ. Acad. Nat scienc. Phil. T. II, P. 1, 1821.)
SCHMARDA, Mittheilung. (Kaiserl. Akad. der Wissensch. in Wien. Jahrg. 1882, N:o XIX.)
SCHNEIDER, R., Kleinere Mittheilungen über die unterirdische Fauna der Bergwerks-Schachte Deutschlands. (Entom. Nachrichten Bd XI, N:o 20, 1885.)
SCHÖTT, H., Beiträge zur Kenntniss Kalifornischer Collembola. (Bihang till K. Sv. Vet.-Akad:s Handl. Band 17, N:o 8. Stockholm 1891.)
— Nya nordiska Collembola. (Entomol. Tidskrift. Stockholm 1891.)

SOMMER, A., Über Macrotoma plumbea. Beiträge zur Anatomie der Poduriden. (Zeitschr. f. wiss. Zool. Bd XIV, 1884.)
STEIN, J. O. E. FRIEDR., Ein Ausflug nach dem Altvater-Gebirge. (Stett. Ent. Zeit. Vol. XXXVI. 1873.)
TEMPLETON, R., Thysanura Hibernicæ. (Transact. Ent. Soc. Lond. Vol. I, P. 1. 1835.)
V. DALLA TORRE, K. W., Die Thysanuren Tirols. (Zeitschr. des Ferdinandeums für Tirol und Vorarlberg. Dritte Folge. Heft. 32, 1888.)
TULLBERG, T., Om skandinaviska Podurider af underfamiljen Lipurinæ. (Akad. afhandling. Upsala 1869.)
— Förteckning öfver svenska Podurider. (Öfvers. af Kongl. Vet.-Akads Förhandl. Årgång XXVII. Stockholm 1871.)
— Sveriges Podurider. (K. Sv. Vet.-Akads Handl. 1871.)
— Collembola borealia, Nordiska Collembola. (Öfvers. af K. Vet.-Akads Förhandl. 1876.)
TÖMÖSVÁRY, Ö., Adatok Hazánk Thysanura-Faunájahoz. (Mathem. es Termész. Közl. XVIII. Köt. 1882.)
UZEL, J., Sapinnsky zeme ceské — Thysanura Bohemiæ. (Akad. Abh. Tiskem dra. Edv. Gregra v. Praze 1890.)
WAGA, G., Description d'un insecte aptère qui se trouve en quantité aux environs de Varsovie. (Ann. de la Soc. Ent. de Fr. T. XI, 1842.)
WITTROCK, V. B., Om snön och isens fauna. (Studier och forskningar föranledda af mina resor i höga norden af A. E. NORDENSKIÖLD. Haft. 2. 1883.)

## Inhaltsverzeichniss.

|   | Seite. |
|---|---|
| **Fam. I. Sminthuridæ** Lbk | 21. |
| **Gen. I Sminthurus** Latr. | 21. |
| Sminthurus fuscus (Linné) | 21. |
| var. purpurascens Reut. | 21. |
| viridis (Linn.) Lbk (Forma principalis) | 22. |
| var. cinereoviridis Tullb. | 22. |
| nigromaculatus Tullb. | 22. |
| dorsovittatus Reut. | 23. |
| speciosus n. v. | 23. |
| tripunctatus Reut. | 23. |
| variegatus Tullb. | 24. |
| flaviceps Tullb. | 24. |
| marginatus n. sp. | 25. |
| novem-lineatus Tullb. | 26. |
| var. insignis Reut. | 26. |
| pilosicauda Reut. | 27. |
| multifasciatus Reut. | 27. |
| bilineatus Bourl. | 28. |
| pruinosus Tullb. | 28. |
| cinctus Tullb. | 29. |
| luteus Lbk. | 30. |
| pallipes Lbk. | 30. |
| albifrons Tullb. | 30. |
| Tullbergi Reut. | 31. |
| agrus Lbk. | 31. |
| quadrilineatus Tullb. | 31. |
| var. ochropus Reut. | 32. |
| violaceus Reut. | 32. |
| niger Lbk. | 32. |
| igniceps Reut. | 33. |
| Lubbockii Tullb. | 33. |
| Malmgrenii Tullb. | 34. |
| var. elegantulus Reut. | 35. |
| aquaticus Bourl. | 36. |
| var. viridulus Reut. | 37. |
| Lexanderi Reut. | 37. |
| cæcus Tullb. | 38. |
| **Gen. II. Papirius** Lbk | 38. |
| Papirius ater (Linn.) | 38. |
| fuscus (Luc.) Lbk | 38. |
| silvaticus Tullb. | 39. |
| chloropus Tullb. | 39. |

|   | Seite. |
|---|---|
| Papirius flavo-signatus Tullb. | 40. |
| rufescens Reut. | 40. |
| minutus (O. Fabr.) | 40. |
| **Fam. II. Entomobryidæ**. | 41. |
| **Gen. III. Tomocerus** | 41. |
| Tomocerus vulgaris Tullb. | 41. |
| minutus Tullb. | 42. |
| lividus | 42. |
| flavescens Tullb. | 42. |
| plumbeus (Linn.) Tullb. | 43. |
| arcticus n. sp. | 43. |
| tridentiferus Tullb. | 44. |
| **Gen. IV. Cyphoderus** (Nic.) | 44. |
| Cyphoderus albinus Nic. | 44. |
| **Gen. V. Lepidocyrtus** Bourl. | 44. |
| Lepidocyrtus lanuginosus (Gmel.) | 45. |
| cyaneus Tullb. | 45. |
| var. assimilis Reut. | 45. |
| pallidus Reut. | 46. |
| rivularis Bourl. | 46. |
| **Gen. VI. Calistella** Reut. | 46. |
| Calistella superba Reut. | 47. |
| **Gen. VII Entomobrya** Rond. | 48. |
| Entomobrya muscorum Nic. | 48. |
| arborea Tullb. | 49. |
| multifasciata Tullb. | 49. |
| spectabilis Reut. | 49. |
| albocincta Templ. | 50. |
| corticalis Nic. | 51. |
| marginata Tullb. | 51. |
| maritima Reut. | 51. |
| lanuginosa Nic. | 52. |
| **Gen. VIII. Sira** Lbk | 52. |
| Sira Buskii Lbk | 52. |
| elongata (Nic.) | 52. |
| **Gen. IX. Sinella** Brook | 53. |
| Sinella curviseta Brook | 54. |
| myrmecophila Reut. | 54. |

|  |  | Seite. |
|---|---|---|
| Gen. X. | **Orchesella** TEMPL. | 54. |
| | Orchesella cincta (LINN.) LBK | 54. |
| | rufescens TULLB. | 55. |
| | spectabilis TULLB. | 55. |
| | bifasciata NIC. | 56. |
| Gen. XI. | **Templetonia** LBK | 56. |
| | Templetonia nitida (TEMPL.) | 56. |
| Gen. XII | **Corynothrix** TULLB. | 57. |
| | Corynothrix borealis TULLB. | 57. |
| Gen. XIII. | **Isotoma** BOURL. | 57. |
| | Isotoma viridis BOURL. (Forma principalis) | 59. |
| | var. riparia NIC. | 61. |
| | arctica n. v. | 61. |
| | cincta TULLB. | 62. |
| | palustris MÜLL. (Forma principalis) | 63. |
| | var. aquatilis MÜLL. | 65. |
| | prasina REUT. | 66. |
| | balteata REUT. | 66. |
| | fucicola REUT. | 66. |
| | bidenticulata TULLB. | 67. |
| | maritima TULLB. | 67. |
| | tigrina (NIC.) | 68. |
| | olivacea TULLB. | 68. |
| | violacea TULLB. | 69. |
| | hiemalis n. sp. | 70. |
| | Reuteri n. sp. | 71. |
| | grandiceps REUT. | 71. |
| | sensibilis TULLB. | 72. |
| | cinerea NIC. | 73. |
| | clavata n. sp. | 73. |
| | minuta TULLB. | 74. |
| | sexoculata TULLB. | 74. |
| | quadrioculata TULLB. | 74. |
| | tunetaria (L.) TULLB. | 75. |
| | crassicauda TULLB. | 75. |
| | litoralis n. sp. | 75. |
| Fam. III. | **Lipuridae** | 76. |
| Gen. XIV. | **Podura** LINN. | 76. |
| | Podura aquatica LINN. | 76. |

|  |  | Seite. |
|---|---|---|
| Gen. XV. | **Tetrachantella** SCH. | 77. |
| | Tetrachantella pilosa SCH. | 77. |
| Gen. XVI. | **Achorutes** (TEMPL.) | 80. |
| | Achorutes viaticus TULLB. | 80. |
| | socialis UZEL | 81. |
| | Tryboni n. sp. | 82. |
| | umbrialis TULLB. | 83. |
| | armatus NIC. | 83. |
| | navicularis n. sp. | 83. |
| | rufescens (NIC.) | 84. |
| | purpurascens LBK | 84. |
| | Thelii TULLB. | 85. |
| | dubius TULLB. | 85. |
| | unguiculatus TULLB. | 85. |
| | inermis TULLB. | 85. |
| Gen. XVII. | **Xenylla** TULLB. | 85. |
| | Xenylla maritima TULLB. | 85. |
| | brevicauda TULLB. | 86. |
| | nitida TULLB. | 86. |
| Gen. XVIII. | **Anurophorus** (NIC.) | 86. |
| | Anurophorus laricis NIC. | 86. |
| Gen. XIX. | **Lipura** BURM. | 86. |
| | Lipura ambulans (L.) (NIC.) | 86. |
| | armata TULLB. | 87. |
| | arctica TULLB. | 87. |
| | octopunctata TULLB. | 88. |
| | sibirica TULLB. | 88. |
| | groenlandica TULLB. | 88. |
| | inermis TULLB. | 88. |
| Gen. XX. | **Anurida** LAB. | 89. |
| | Anurida maritima LAB. | 90. |
| | Tullbergi SCH. | 91. |
| | granaria (NIC.) | 92. |
| Gen. XXI. | **Triaena** TULLB. | 92. |
| | Triaena mirabilis TULLB. | 92. |
| Gen. XXII. | **Pseudachorutes** TULLB. | 93. |
| | Pseudachorutes subcrassus TULLB. | 93. |
| Gen. XXIII. | **Anura** GERV. | 93. |
| | Anura muscorum TEMPL. | 93. |
| | gigantea TULLB. | 94. |

TAFEL I.

Fig. 1. Sminthurus viridis (LINNÉ), LBK (Forma principalis) 29,2 Mal vergrossert.
  2.             var. cinereoviridis TULLB. Abdominalsegmente von Oben gesehen.
  3.             var. dorsovittatus REUT.
  4.             var. speciosus n. v.
  5.             tripunctatus REUT.
  6.        variegatus TULLB. 26,9 Mal vergr. (Nach der Abbildung TULLBERG'S in Coll. bor. vergrossert.)
  7.        flaviceps TULLB. 57,5 Mal vergr.
  8.             Antenne.
  9.             Krallen und Endteil der Tibia des vorderen Extremitätenpaares.
 10.             Endsegment des Gabels.
 11.        marginatus n. sp. 33,5 Mal vergr.
 12.             Antenne.
 13.             Krallen und Endteil der Tibia des vorderen Extremitätenpaares.
 14.             Endsegment des Gabels.
 15.        multifasciatus REUT. 37 Mal vergr.
 16.             Kralle und Endteil der Tibia.
 17.             Endsegment des Gabels.
 18.        quadrilineatus TULLB. 33,6 Mal. vergr.
 19.             Endsegment des Gabels.

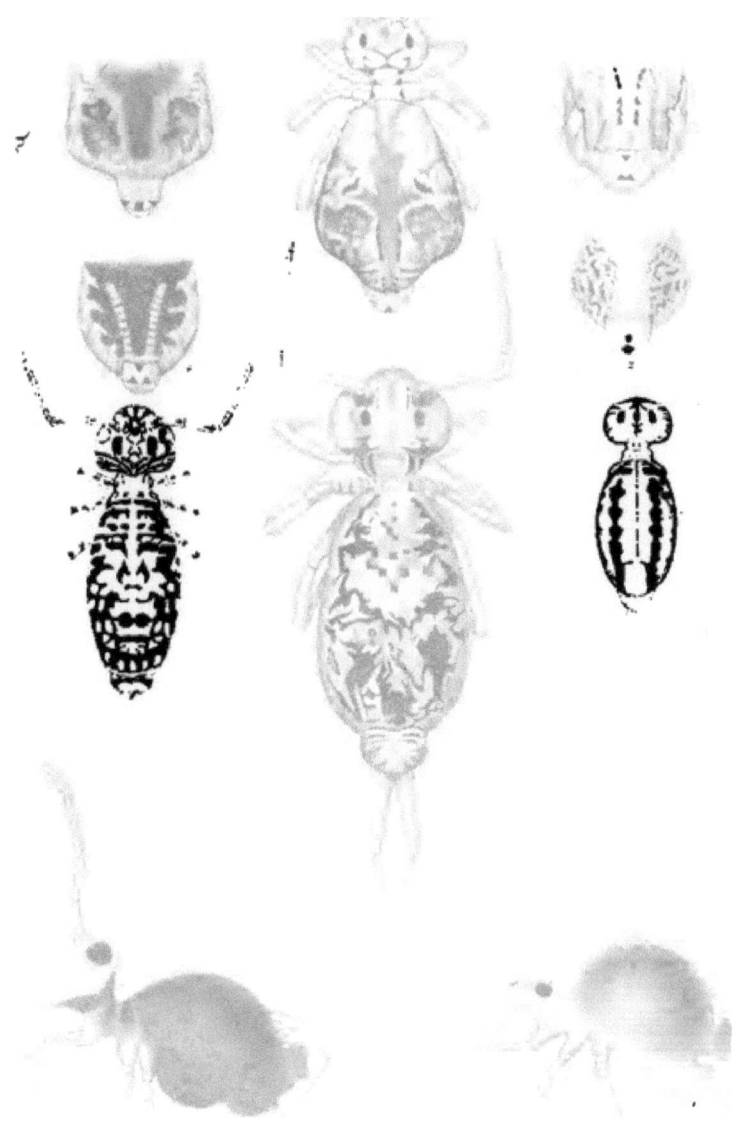

TAFEL II.

Fig. 1. Smintkurus novem-lineatus TULLB.
var. pilosicauda REUT. Krallen und Endteil der Tibia des hinteren Extremitätenpaares.
  2.                              Krallen und Endteil der Tibia des vorderen Extremitätenpaares.
  3.                              Gabel.
  4.                              Antenne.
  5.   Tullbergi REUT. Antenne.
  6.                              Krallen und Endteil des vorderen Extremitätenpaares.
  7.                              Gabelbein.
  8.   violaceus REUT. 52,4 Mal vergr.
  9.                              Antenne.
 10.                              Krallen und Endteil des vorderen Extremitätenpaares.
 11.                              Endsegment des Gabels.
 12.   niger LBK Endsegment des Gabels.
 13.   pruinosus TULLB. 55 Mal vergr.
 14.                              Krallen und Endteil der Tibia des vorderen Extremitätenpaares.
 15.                              Krallen und Endteil der Tibia des hinteren
 16.                              Endsegment des Gabels.
 17.   igniceps REUT. 84 Mal vergr.
 18.                              Antenne.
 19.                              Endsegment des Gabels.
 20.   Malmgrenii TULLB. var. elegantulus REUT. 63 Mal vergr.
 21.                              Endsegment des Gabels.
 22.   aquaticus BOURL. 42,5 Mal vergr.
 23.                              Krallen und Endteil der Tibia des hinteren Extremitätenpaares.
 24.                              Krallen und Endteil der Tibia des vorderen Extremitätenpaares.
 25.                              Endsegment des Gabels.
 26.                              Zu sexualem Zweck verwandelte Antenne.

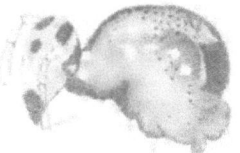

# TAFEL III.

Fig. 1. Sminthurus Lubbockii TULLB. 58 Mal vergr.
  2.                                 Antenne.
  3.                                 Krallen und Endteil der Tibia des vorderen Extremitätenpaares.
  4.                                 Endsegment des Gabels.
  5. Papirius rufescens REUT. 43,5 Mal vergr.
  6.                                 Krallen des hinteren Extremitätenpaares (copiirt nach der Abbildung REUTERS in Coll. in cald. viv.).
  7.                                 Krallen des vorderen Extremitätenpaares (copiirt nach der Abbildung REUTERS in Coll. in cald. viv.).
  8. Tomocerus arcticus n. sp. Krallen und Endteil der Tibia.
  9.                                 Dentaldornen des Gabels.
 10. Lepidocyrtus cyaneus TULLB.
     var. assimilis REUT. 57 Mal vergr.
 11. Entomobrya albocincta TEMP. 34,3 Mal vergr.
 12.          spectabilis REUT. 59 Mal vergr.
 13.                                 Krallen und Endteil der Tibia
 14.                                 Endsegment des Gabels.

TAFEL IV.

Fig. 1. Calistella superba REUT. 60 Mal vergr.
  2.              Ocellen.
  3.              Krallen und Endteil der Tibia.
  4.              Endsegment des Gabels.
  5. Sinella curviseta BROOK 44 Mal vergr.
  6.     myrmecophila REUT. 27,5 Mal vergr.
  7.              Krallen und Endteil der Tibia.
  8.              Endsegment des Gabels.
  9. Corynothrix borealis TULLB. 60,6 Mal vergr. (Copiirt nach der Abbildung TULLBERG's in Coll. bor.)
 10.              Krallen und Endteil der Tibia.
 11.              Endsegment des Gabels.

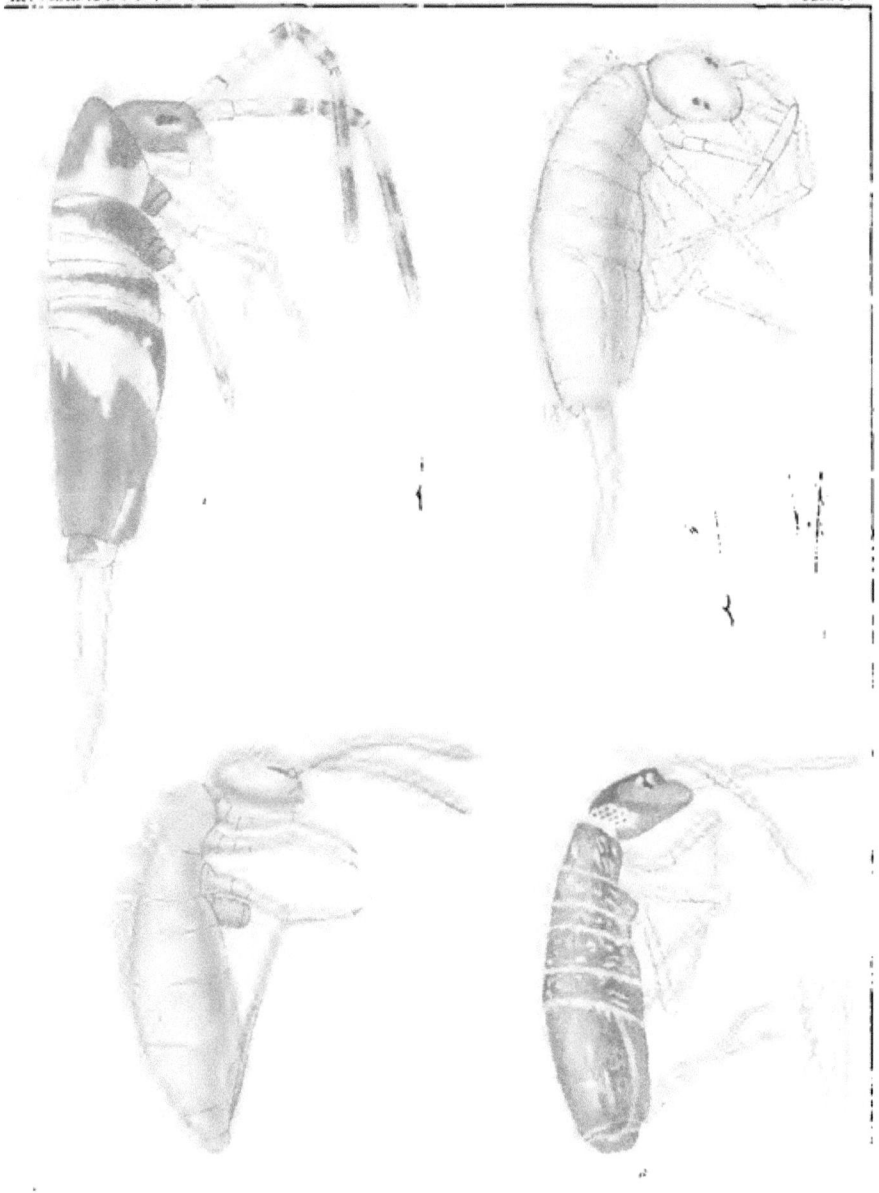

TAFEL V.

Fig. 1  Isotoma viridis Bourl. (Forma principalis) 14,9 Mal vergr.
    2.                        var. riparia Nic.   14,9
    3.
    4.                             arctica n. v.   12,2
    5.                             cincta Tullb.   16,7
    6.         palustris Müller   fucicola Rect.   17,5
    7.                             aquatilis Müll. 17,3
    8.                        (Forma principalis) 17,3
    9.
   10.                        var. balteata Rect. 41,6

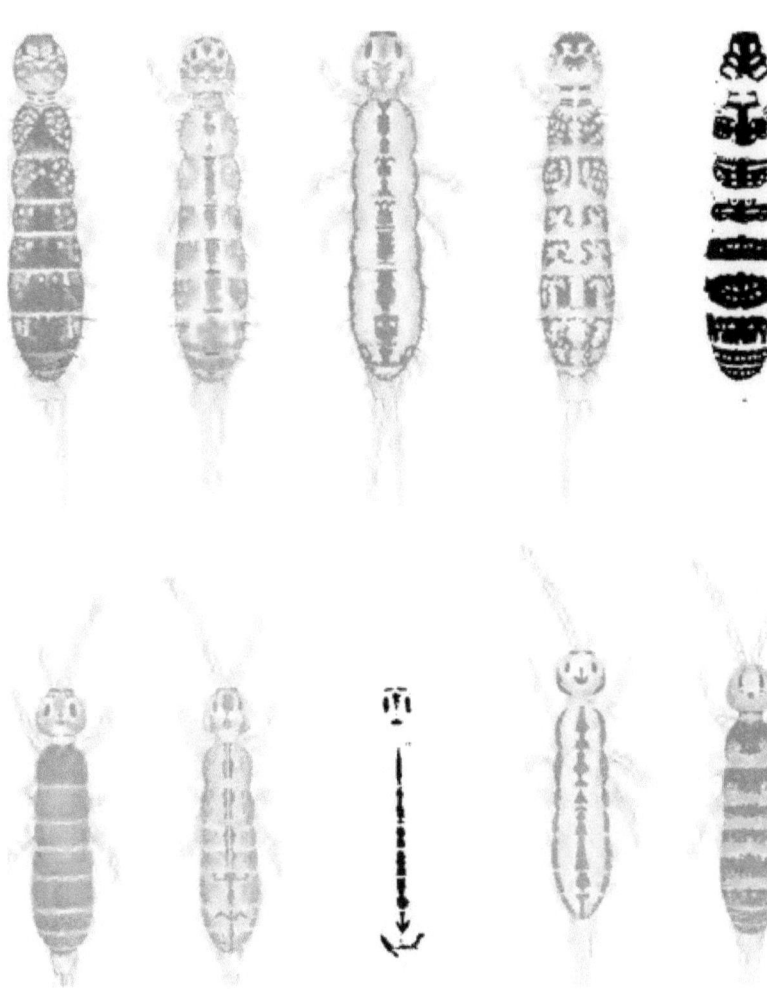

TAFEL VI.

Fig. 1. Isotoma viridis Bourl. Krallen und Endteil der Tibia.
2.   Endsegment des Gabels.
3.   palustris Müll. Krallen und Endteil der Tibia.
4.
5.   Endsegment des Gabels.
6.   bidenticulata Tullb. Krallen und Endteil der Tibia.
7.   Endsegment des Gabels.
8.   maritima Tullb. Krallen und Endteil der Tibia.
9.   Endsegment des Gabels (von der Seite gesehen).
10.  Endsegment des Gabels (von Unten gesehen).
11.  tigrina Nic. Endsegment des Gabels.
12.  olivacea Tullb. Endsegment des Gabels.
13.  Krallen und Endteil der Tibia.
14.  violacea Tullb. Endsegment des Gabels.
15, a. Krallen und Endteil der Tibia.
15, b. Gabel.
16.  hiemalis n. sp. Endsegment des Gabels.
17.  Krallen und Endteil der Tibia.
18.  Endsegment des Gabels.
19.  Krallen und Endteil der Tibia.
20.  glacialis Nic. Gabel.
21.  Krallen und Endteil der Tibia.
22.  Endsegment des Gabels.
23.  grandiceps Reut. Kopf.
24.  19 Mal vergr.
25.  Krallen und Endteil der Tibia.
26.
27.  Endsegment des Gabels.
28.  Reuteri n. sp. Krallen und Endteil der Tibia.
29.  Endsegment des Gabels.
30.  Antenne.
31.  sensibilis Tullb. Endsegment des Gabels.
32.  Krallen und Endteil der Tibia.
33.  cinerea Nic. Krallen und Endteil der Tibia.
34.  Endsegment des Gabels.
35.  clavata n. sp. Ocellen und Postantennalorgan.
36.  Krallen und Endteil der Tibia.
37.  Gabelbein.
38.  sexoculata Tullb. Ocellen und Postantennalorgan.
39.  Krallen und Endteil der Tibia.
40.  minuta Tullb. Antenne.
41.  Krallen und Endteil der Tibia.
42.  Endsegment des Gabels.
43.  crassicauda Tullb. Krallen und Endteil der Tibia.
44.  Endsegment des Gabels (von der Seite gesehen).
45.  Endsegment des Gabels (von Oben gesehen).
46.  litoralis n. sp. Krallen und Endteil der Tibia.
47.  Endsegment des Gabels.

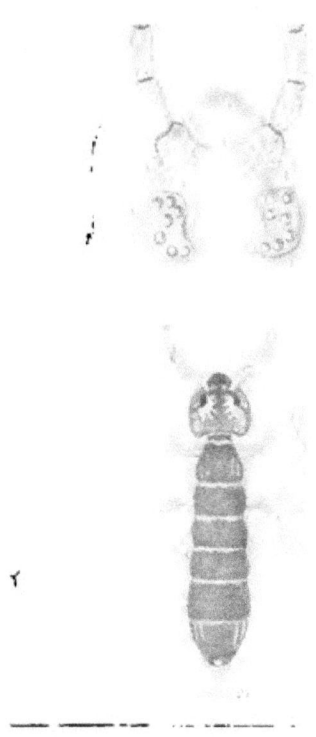

٢

# TAFEL VII.

Fig. 1. Isotoma litoralis n. sp. 28 Mal vergr.
   2. Tetracanthella pilosa SCH. 37,2 Mal vergr.
   3. " Vorderextremität.
   4. " Endsegment des Rumpfes.
   5. " Antenne Ocellen und Postantennalorgan.
   6. Achorutes socialis UZEL Endsegment des Rumpfes.
   7. " Dental- und mucronalsegmente des Gabels von der Seite gesehen.
   8. " Gabel.
   9. " Tryboni n. sp. Gabel.
  10. " Krallen und Endteil der Tibia.
  11. " navicularis n. sp. Krallen und Endteil der Tibia.
  12. " Gabelbein von der Seite gesehen.
  13. Anurida maritima LAB. Ocellen und Postantennalorgan.
  14. " Krallen und Endteil der Tibia.
  15. " Antenne.
  16. " Tullbergii SCH. 36,4 Mal vergr.
  17. " Ocellen und Postantennalorgan.
  18. " Krallen und Endteil der Tibia.

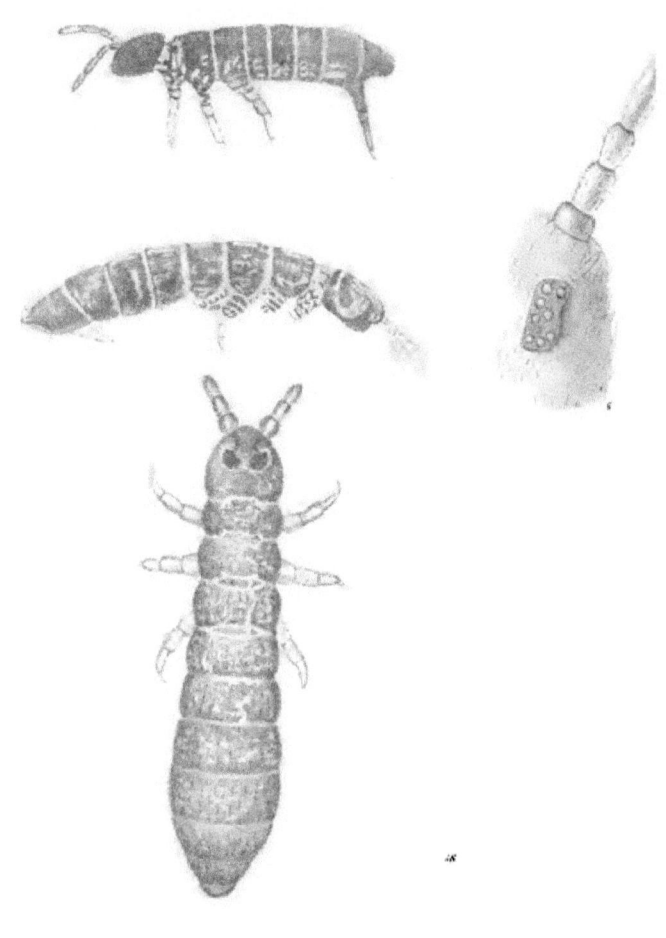